뿌리 깊은 영성의
그리스도인으로 사는 법

국립중앙도서관 출판시도서목록(CIP)

뿌리 깊은 영성의 그리스도인으로 사는 법 / 찰스 앤드류 코
우츠 지음 ; 이종수 옮김. -- [서울] : 형제들의집, 2014
    p. ;   cm

검색을 위한 부분표제: Believer established
원저자명: Charles Andrew Coates
영어 원작을 한국어로 번역
ISBN 978-89-93141-64-1 03230 : ₩9000

기독교 신앙 생활[基督敎信仰生活]

234.8-KDC5
248.4-DDC21   CIP2014008660

뿌리 깊은 영성의
그리스도인으로 사는 법

찰스 앤드류 코우츠 지음 | 이종수 옮김

형제들의 집

차 례

역자 서문 6
제 1장 기쁨과 평강으로 충만한 사람 9
제 2장 세 가지 심판 43
제 3장 아담인가 그리스도인가 71
제 4장 헌신 95
제 5장 날마다 123
제 6장 나실인의 서원 153
제 7장 굳게 서라 185
제 8장 잃어버린 소망 213
저자 소개 226

"소망의 하나님이 모든 기쁨과 평강을 믿음 안에서 너희에게 충만하게 하사 성령의 능력으로 소망이 넘치게 하시기를 원하노라"(롬 15:13)

역자 서문

**그리스도 안에 깊은 뿌리를 내리고 사는
새로운 삶이 펼쳐진다!**

오늘날 세상이 애타게 찾는 사람이 있다면, 그는 깊은 영성의 사람일 것입니다. 왜냐하면 세상에는 너무도 많은 것들이 깊이가 없고, 얕고, 피상적이며, 가벼운 것들로 가득하기 때문입니다. 그래서 세상에서 좀 깊이 있는 것을 찾아보려면 사실 교회에서 찾을 수 있어야 합니다. 그리스도인들이야말로 영성의 깊음을 아는 사람들이어야 하기 때문입니다. 왜냐하면 우리가 믿는 하나님은 하늘의 높음과 땅의 깊음을 가진 분이시기 때문입니다.

하나님이 크시다면 우리 또한 커야 합니다. 하나님이 위대하시다면 우리 또한 위대해야 합니다. 하나님이 깊으신 분이라면, 우리 또한 깊이가 있어야 합니다.

하지만 왠지 우리의 영성은 너무도 얄팍하기만 합니다. 얄팍한 영성, 이것이 오늘날 기독교계의 모습이 아닌가 생각합니다. 왜 그럴까요? 그것은 우리가 복음을 피상적으로 알고 있기 때문입니다. 하나님의 말씀을 읽고 묵상하지만, 그 능력은 경험하지 못하고 있기 때문입니다.

특별히 이 책, "뿌리 깊은 영성의 그리스도인으로 사는 법"은 진정 깊은 영성의 사람, 찰스 앤드류 코우츠가 쓴 책입니다. 그가 쓴 대부분의 책에는 C.A.C.라는 이니셜에 새겨져 있는데, C.A.C.라는 이름은 영미권에서 그야말로 오늘날 모든 사람이 간절히 찾는 깊은 영성의 대명사였습니다. 깊은 존경의 마음을 담아 이 책을 번역하는 과정에서 너무도 많은 부분 공감이 되면서, 그간 그토록 갈망했던 **뿌리 깊은 영성의 사람으로 사는 법**을 발견할 수 있었습니다.

아무쪼록 모든 독자님들께서도 이 책을 통해서 깊이 있는 영성의 세계를 풍성하게 경험할 수 있기를 바라며, 그리스도 안에 깊이 뿌리를 내리고 사는 새로운 삶의 전기를 마련할 수 있기를 빕니다.

역자 이 종 수

제 1장 기쁨과 평강으로 충만한 사람

롬 3:23, 8:18, 12:1,2, 15:13

 사도 바울이 쓴 다른 서신서와는 달리 로마서는 한 가지 뚜렷한 특징이 있는데, 그것은 사도 바울이 로마 교회에 복음의 진리를 소개할 기회를 가까스로 얻은 후 복음의 근원부터 자세히 진술했다는 것이다. 고린도전후서, 갈라디아서, 빌립보서, 그리고 데살로니가전후서를 쓸 때에는, 바울 자신의 사역의 열매들인 사람들을 대상으로 해서 글을 썼기에, 그가 이미 그들을 가르친 사실에 대한 언급을 엿볼 수 있다. 게다가 골로새서의 경우, 비록 사도 바울이 골로새인들을 직접 본 일은 없었지만, 에바브라를 통해서 그들에 대한 이야기를 들었기 때문에, 바울은 그들이 어느 정도까지 성장했는지를 추측해볼 수 있었다. 하지만 로마서를 쓸 당시, 바울은 로마에 한 무리의 신자들이 있었고, 그들의 믿음에 대한 소문이 온 세상에 전파되고 있었다는 사실을 단지 알고 있을 뿐이었다. 그들은 주로 이방인 회심자들이었고, 사도 바울은 그들을 한번도 본 일은 없었지만, 제국의 수도를 방문하려는 뵈뵈를 위한 천거서를 써주면서 "그 아들에 관한 하나님의 복음"을 그 근원부터 소개하는 기회를 얻을 수 있었다. 바울은 남의 터 위에 건축하고자 하지 않았다(롬 15:20). 그는 하나님이 자기에게 주신 특별한 은혜를 인식하고 있었기에 친히 그 터를 놓고자 했다. 이처럼 복음의 근본적인 진리들을 소개함에 있어서 그의 소원은 로마에 있는 신자들이 자신이 "나의 복음"으로 부르고 있는 진리들을 통해서 견고하게 되는 것이었다(롬 1:11, 16:25).

로마서 15장 13절은 로마서의 교리적인 부분과 실제적인 부분을 다 다룬 후에 최종적으로 바울이 언급한 것이다. 여러 개인들에 대한 흥미로운 소개와 인사가 따라오고 있지만, 사도 바울은 바로 이 구절을 통해서 자신의 가르침을 끝맺고 있다. 이 사실은 나에게 바로 이것이야말로 사도 바울이 로마서를 통해서 우리를 이끌고 가는 목적지이며 또한 목표점이라는 사실을 깨닫게 해주었다. 따라서 필자도 독자들로 하여금 바로 이 목표점에 이르도록 애쓸 것이며, 그 전에 독자들의 마음에 "모든 기쁨과 평강을 믿음 안에서…충만하게 하사 성령의 능력으로 소망이 넘치게" 하는 것이 하나님의 뜻임을 새기고 싶다. 혹 이 책자를 통해서 아무 것도 얻은 것이 없어도, 다만 성령의 역사로 당신의 영혼 속에 앞의 구절이 성취된다면, 그것은 당신이 이미 이 책에서 설명하고 있는 상태에 들어간 것이며, 그 자체가 당신에게 엄청난 복을 가져다줄 것이며, 그것이 하나님의 뜻이다. 당신이 충분히 영적으로 준비되고 또 갈망해왔다면, 이미 그 복들을 소망해왔기에 하나님은 이 좋은 것들로 당신의 영혼을 만족케 해주실 것이다. 어쩌면 당신은 이미 이 목적에 도달했는지 모른다. 과연 당신은 지금 "모든 기쁨과 평강을 믿음 안에서" 충만해진 상태에 있는가? 당신은 성령의 능력으로 소망이 넘치고 있는가? 아니면 하나님이 지금 성령을 통하여 복주시기를 바라시는 이러한 신령한 복들에 대해서 아무 것도 모르는 상태에 있지는 않은가? 만일 당신이 이 복을 받아 누리고 있는 상태가 아니라면, 주님이 친히 당신에게 말씀해주시고, 이처럼 경이로운 복 속으로 들어갈 수 있는 길을 열어주시고 모든 방해물을 치워주실 줄로 믿는다.

이제 이러한 목표에 이르는 길을 살펴보자. 그 길은 마치 장애물 허들 경기처럼 보인다. 넘어야 하는 무수한 장애물과 장벽들이 있다. 바로 이러한 장벽들 때문에 그토록 많은 사람들이 목표에 이르지 못하고 좌절하거나 영적 진보에 있어서 제자리걸음을 하고 있는 것이다. 로마서는 이러한 장벽들의 실체를 보여줄 뿐만 아니라 어떻게 넘어설 수 있는지를 제시해준다.

이렇게 시작함에 있어서, 우리는 우리 자신을 죄인으로 인정하면서 시작해야 한다. 세상의 모든 사람들이 다 죄인이라는 사실은 이처럼 경이로운 목표를 얘기하는 것과는 상당히 거리가 먼 것처럼 보일 수 있다. 사람들은 속으로 "모든 기쁨과 평강으로 충만해지는 것, 그것은 완전한 행복이어야만 한다! 세상에서 나를 기쁨과 평강으로 충만하게 해줄 수 있는 것은 전혀 없었다. 현재로서는 소망으로 넘치는 것이 무엇을 의미하는지 잘 이해하지는 못하겠지만, 매우 좋게 들리는 것은 사실이다. 나도 이러한 복들을 누리고 싶다."라고 결심한다. 그리고는 자신의 힘을 다해 목표점을 향해 달리기 시작한다. 하지만 이내 그처럼 두텁고 높은 장벽에 부딪히게 되고, 자신의 노력으로 벗어나고자 애쓰지만 절망상태에서 도무지 벗어날 수 없는 자신을 발견하게 된다. 이처럼 냉혹한 진실을 알고 싶다면 로마서 3장 9-20절을 읽어보라.

로마서의 처음 두 개의 장에서 우리는 세 부류의 사람을 볼 수 있다. 로마서 1장에는 양심의 자연스러운 억제하는 작용을 벗어

던진 이교도가 어디까지 타락할 수 있는지를 보여주는 끔찍스러운 그림이 있다. 그는 자연 속에 나타난 하나님의 계시에서 조차도 등을 돌렸기에 자신의 각종 정욕의 방탕함에 빠져 있다. 로마서 2장의 전반부에는 도덕주의자를 묘사하고 있는 그림이 있다. 그는 자신을 판단하기 보다는 다른 사람을 판단하면서 이것이 좋고 저것은 틀렸다는 식으로 가르치기를 좋아하는 사람이다. 그리고 로마서 2장의 후반부에서 우리는 성경을 가지고 있으며, 또한 참 하나님과 그분의 뜻을 아는 지식을 가진 종교적인 사람의 그림을 볼 수 있다. 그렇다면 우리는 (1) 공개적으로 방탕한 삶을 사는 사람, (2) 도덕주의자, (3) 종교적인 사람, 이렇게 세 부류의 사람을 보게 되는데, 이 세 부류의 사람은 모두 구원받지 못한 사람들을 대표하고 있다. 그래서 이 세상 모든 사람들이 로마서 3장에 있는 견고한 벽 앞에 서 있다. 2번에 해당하는 사람들은 외적으로는 존경받을 만한 점이 많이 있기에, 1번에 해당하는 사람들을 향해, "나는 그대보다 더 나은 사람이요."라고 자랑한다. 3번에 해당하는 사람들은 2번에 해당하는 사람들을 향해 "그대는 참 하나님을 모르고, 그분의 말씀도 모르지만 나는 성전에서 하나님께 예배드리고 그분의 말씀을 경청하고 있소."라고 자랑한다. 이 말에는 일리가 있다. 하지만 세 부류의 사람들 모두가 참으로 두텁고도 넘지 못할 벽 앞에 서있다. 즉

"모든 사람이 죄를 범하였으매" (롬 3:23)

라고 써진 벽이다.

당신은 과연 이러한 벽 앞에 나아와 당신이 지은 죄들이 당신과 복 사이를 가로막고 있다는 사실을 생각해본 적이 있는가? 어떻게 해야 이처럼 두려운 벽을 돌아가거나 또는 제거할 수 있을까? 회개하면 가능할까? 자기 개선 또는 개혁을 하면 될까? 기도를 통해서? 아니면 착한 행실(선행)이나 성례를 통해서? 그럴 수 없다. 이러한 것들 가운데 어느 것도 또는 이 모든 것들을 합해도 죄들을 속죄하지 못한다. 이러한 것들로는 이처럼 두텁고 흉측한 장애물을 머리카락 한 올의 두께만큼도 움직일 수 없을뿐더러 그 높이와 두께를 줄일 수도 없다. 우리는 우리가 지은 죄들을 없앨 수 없다. 이 일은 우리가 할 수 있는 일이 아니다. 그렇다면 다른 곳에서 도움을 구해야 한다. 우리 힘으로는 영원히 이 문제를 해결할 수 없다. 사실 우리가 대적했을 뿐만 아니라 죄를 지었던 하나님만이 우리의 복을 가로막고 있는 이 엄청난 장애물을 제거하실 수 있는 유일한 분이시다.

"그리스도 예수 안에 있는 구속(救贖)으로 말미암아 하나님의 은혜로 값없이 의롭다 하심을 얻은 자 되었느니라." (롬 3:24)

하나님의 은혜만이 우리가 지은 죄들에 대한 죄책과 형벌로부터 완전한 사면을 가능케 해주는 유일한 원천이며 근거이다. 만일 그대가 '그렇다면 은혜가 무엇인가요?'라고 묻는다면 나는 이렇게 대답할 것이다. '은혜는 죄인들을 향해 베푸시는 하나님의 한량없는 사랑의 마음이며 심판받아 마땅한 자들에게 복을 베푸시는 하나님의 선행이다.' 그렇다면 하나님의 사랑은 공의롭고 거룩한 사랑이어야 하며, 하나님은 불의한 방법으로 우리가 지은 죄들을 정결하게 하실 수 없으시다. 하나님은 우리가 지은 죄에 대한 심판을 그저 탕감하실 수 없으시다. 따라서 하나님의 은혜는 "그리스도 예수 안에 있는 구속으로 말미암아"서만 우리에게 임할 수 있다. 예수님께서 우리가 지은 죄들을 십자가에서 해결해주신 위대한 역사는 하나님을 영광스럽게 해드리고 또 신자들로 하여금 그 십자가 사역의 토대 위에서 하나님 앞에서 모든 송사가 해결된 상태로 설 수 있게 해주었다. '그렇다면 우리는 어떻게 그 사역의 효력을 내 것으로 삼을 수 있나요?'라고 묻고 싶을 것이다. 그에 대한 대답은 25,26절에 있다. 다음 두 문장을 주목하라. "그의(예수님의) 피를 믿는 믿음으로 말미암아"(25절), "예수를 믿는 자를"(26절) 하나님은 예수님의 위격(즉 예수님께서 하나님 아들되심)과 예수님의 십자가 사역(즉 영원한 속죄)을 믿는 사람에게 그가 안고 있는 죄에 대한 모든 송사를 제거하시고 의롭다고 선언하신다.

로마서 4장에 보면, 사도 바울은 아브라함과 다윗을 통해서 하나님이 죄인을 의롭다 칭하시는 원리를 소개하고 있다. 아브라함을 통해선 믿음이, 다윗을 통해선 회개가 소개되어 있다. 시편 32편은 죄인이 자신의 죄들을 숨기지 않을 때(uncovers), 하나님은 그 죄들을 덮어주신다(covers)는 놀라운 원리가 소개되어 있다. 5절에서 숨긴다(hid)는 단어는 1절에서 가린다(covered)는 단어와 같은 단어이다. 회개하는 죄인은 자신의 죄를 하나님께 자백하며 자신의 불법을 숨기지 않고, 다만 자신의 허물을 주님께 고백한다. 모든 것을 깨끗이 자백한다. 그의 영혼에는 조금도 숨김이 없다. 그는 자신을 정죄할 뿐이다. 하지만 하나님은 그런 사람을 의롭다고 하신다. 이제 그는 자신의 허물이 용서를 받았고 자신의 죄들이 가리어졌으며, 아무 행위가 없어도 자신에게 의로움이 주어졌다는 확신과 더불어 칭의(稱義)가 주는 복됨을 맛보게 된다.

"아브라함이 하나님을 믿으매 이것이 저에게 의로 여기신 바 되었느니라."(롬 4:3)

우리의 행위 또는 행실은 이렇게 의롭다 함을 받는 일과는 아무 연관이 없으며, "사람이 의롭다 하심을 얻는 것은 율법의 행위에 있지 않[기]"(롬 3:28) 때문에 자랑할 것도 전혀 없다. 칭의가 은혜로 된 것이면, 칭의는 믿음에 속한 것이 분명해진다. "그렇지 않으면 은혜가 은혜 되지 못[한다.]"(롬 11:16) 이제 성령님께서 하나님을 어떻게 부활의 하나님으로서 소개하는지를 살펴보자.

하나님은 "죽은 자를 살리시며 없는 것을 있는 것같이 부르시는"(17절) 하나님이시다. 아브라함은 부활의 하나님을 믿었기 때문에 "자기 몸의 죽은 것 같음과 사라의 태의 죽은 것 같음을 알고도 믿음이 약하여지지 아니"(19절)할 수 있었다. 이 사실 때문에 의(義)가 우리에게 선포될 수 있었다. 우리에게 의(로움)이 주어지게 된 것은, 여기선 우리가 예수님을 믿기 때문이 아니라, "예수 우리 주를 죽은 자 가운데서 살리신 이를 믿는 자니라 예수는 우리 범죄함을 위하여 내어 줌이 되고 또한 우리를 의롭다 하심을 위하여 살아나[신 것을]" 믿기 때문이다. 우리의 모든 죄를 대신 지시고 그 모든 형벌을 감당하심으로써 하나님을 영화롭게 하신 분께서 모든 죄를 없이 해주셨다. 그 모든 죄들은 사라졌으며, 하나님을 완전하게 만족시켜드렸으며, 그 모든 것을 감당하신 분께서 죽은 사람들 가운데서 다시 살아나셨다. 이제 주 예수님은 더 이상 죄들을 감당하실 필요도 없고, 더 이상 아무 죄도 송사할 수 없는 높은 하늘에 오르셨다. 따라서 신자는 예수님이 죄들에 관한한 완전무결하신 것과 똑같이 여김을 받으며, 따라서 하나님에게서 의롭다고 인정을 받는다. "그러므로 우리가 믿음으로 의롭다 하심을 얻었은즉 우리 주 예수 그리스도로 말미암아 하나님으로 더불어 화평을 누리자."(롬 5:1) 우리는 이 사실을 기뻐할 뿐만 아니라 이 사실에 부응해야 할 것도 잊지 말

자. 우리의 모든 죄를 감당해주신 주님은 부활하셔서 하나님 앞에서 온전한 굄(사랑)을 받고 계신 분이시다. 주님은 영원 과거에도 비할 데 없는 대상으로서 하나님의 호의를 받으시는 분이셨지만, 지금은 구속의 성취자요 부활하신 분으로서 하나님의 완전한 호의를 받는 자리에 서 계신다. "그로 말미암아 우리가 믿음으로 서 있는 이 은혜에 들어감을 얻었으며 하나님의 영광을 바라고 즐거워하느니라."(롬 5:2) 믿음으로 이 자리에 들어간 사람은 이제 첫 번째 관문을 통과했으며, 이로써 목표점을 향한 좋은 시작을 가지게 되었다.

나 자신이 첫 번째 장벽을 넘어섰을 때를 기억하고 있다. 그 당시 나는 금새 목표점에 도달할 줄로 생각했다. 하지만 또 다른 난관을 만나는데 시간은 그리 오래 걸리지 않았다. 대략 2-3년쯤 되자 처음 것보다 더욱 힘들고 어려운, 그래서 도무지 극복할 수 없을 것만 같은 장벽을 만나게 되었다. 즉 악이 나와 함께 하고 있다는 것을 발견했다. 심지어 나에게 선을 행하고픈 강렬한 열망이 있음에도 나를 주관하는 것은 악이었던 것이다. 비록 거룩하고자 애쓰고 또 그리스도께 헌신하고자 갈망했지만 나는 늘상 죄 아래 사로잡힐 뿐이었다. 이것을 극복해보고자 무진 애를 쓰면서 성경을 읽고, 기도하고, 자신을 성찰해보고, 온갖 결심과 결단을 내리기를 밥 먹듯 했다. 하지만 모든 것이 헛될 뿐이었다. 나를 괴롭히고 방해하기를 그치지 않는 끔찍스러운 악이 내 속에 있었고, 목표점을 향해 나아가고자 애쓰는 모든 노력에도 불구하고 나를 진창에 처박아버렸다. 이렇게 고통과 절망 속에서 나 자신 보다 더 강하고 악한 힘에 의해 사로잡힌 채 노예처럼 묶여 있을진대, 어떻게 "모든 믿음과 평강으로 충만한 그리스도인"이 될 수 있단 말인가?

로마서 5장 12절에서 로마서 8장 1절까지의 내용이 바로 두 번째 장벽에 대한 설명이다. 이것은 우리가 지은 죄들(SINS)의 문제가 아니라 우리 속에 있는 죄(SIN)의 문제이다. 이제부터 우리가 다룰 것은 우리의 죄악된 행동과 그것에서 어떻게 정결함을 받느냐의 문제가 아니라,

우리의 죄악된 자아와
나의 지체 속에 있는 죄의 법에서 어떻게 해방을 받는가의

문제이다.

어떤 사람이 우리 자신에게 들러붙어 있다. 우리가 가는 곳마다 그는 우리를 따라온다. 게다가 그는 우리로 하여금 계속해서 실수하도록 만든다. 만일 우리가 그에게서 도망치고 또 그를 떨어뜨려 놓을 수만 있다면 얼마나 좋을까! 어떤 사람에 대한 이야기를 들은 적이 있다.

그는 유혹을 피하고 온전한 삶, 거룩한 삶을 살고자 결심하고는 이제 먼 곳으로 가기로 했다. 그래서 그는 숲으로 가서 거대한 나무 중간에 구멍을 내고, 그 속에 오두막을 지었다. 여러 가지 음식을 장만하고 거대한 물 항아리를 준비했다. 그래서 결코 악이 자신을 따라오지 못하도록 거기에 틀어박힌 채 나오려고 하지 않았다. 그는 자신의 계획이 성공할 줄로 믿고 큰 기쁨으로 문을 걸어 잠갔다. 그는 세상을 버렸고, 죄를 바깥에 둔 것으로 만족하면서 너무도 기뻤다. 이제 행복한 마음에 그는 무릎을 꿇고 마침내 죄로부터 완전히 벗어나게 해주신 하나님께 감사의 기도를 올렸다. 아아! 기도를 마치고 일어서는데 그만 실수로 물동이를 걷어차 버린 것이다. 그러자 그의 입술에서는 감사도 아니고 기도도 아닌, 그 무엇(?)이 튀어나왔다! 그는 너무도 슬프고도 낙심이 되어서 모든 것을 접고는 일어나 집으로 돌아왔다. 돌아오는 길에 곱씹으며 생각해본 결과, 자신의 가장 큰 대적은 자기 속에 있으며, 결단코 그에게서 도망칠 수 없다는 사실을 깨닫게 되었다.

필자는 독자들 가운데 많은 사람들이 이와 비슷한 경험을 해보았을 줄로 믿는다. 우리는 아담의 자손으로서 매우 좋지 않은 혈통에 속했다는 것을 배울 필요가 있다. 이것은 우리가 지은 죄들 때문에 죄의식을 느끼는 것과는 전혀 다른 문제이다. 어린 신자들은 이 교훈을 절대적으로 배울 필요가 있을 만큼 중요한 것이다. 다만 교리로서 배우는 것만을 말하는 것이 아니다.

한 신학생이 신학과 교수에게 찾아가서 이렇게 말했다. "교수님, 저는 성경에서 원죄를 발견했습니다." 그러자 노 교수는 이렇게 대답했다. "당신은 그 원죄를 당신 마음 속에서 발견한 적은 있습니까?" 성경이 아담의 자손들은 나쁜 혈통에 속한 사람들로 말하는 것을 믿는 것이 하나라면, 우리가 그처럼 나쁜 혈통에 속한 사람들이란 사실을 경험을 통해서 배우는 것이 또 다른 하나이다.

로마서 5장 12절부터는 바로 이 주제를 다루고 있다. 그래서 두 개의 머리가 등장하는데, 두 종류의 인류가 이 두 개의 머리와 연결되어 있다.

"이러므로 한 사람으로 말미암아 죄가 세상에 들어오고 죄로 말미암아 사망이 왔나니 이와 같이 모든 사람이 죄를 지었으므로 사망이 모든 사람에게 이르렀느니라 죄가 율법 있기 전에도 세상에 있었으나 율법이 없을 때에는 죄를 죄로 여기지 아니하느니라 그러나 아담으로부터 모세까지 아담의 범죄와 같은 죄를 짓지 아니한 자들 위에도 사망이 왕 노릇 하였나니 아담은 오실 자의 표상이라 그러나 이 은사는 그 범죄와 같지 아니하니 곧 한 사람의 범죄를 인하여 많은 사람이 죽었은즉 더욱 하나님의 은혜와 또는 한 사람 예수 그리스도의 은혜로 말미암은 선물이 많은 사람에게 넘쳤으리라 또 이 선물은 범죄한 한 사람으로 말미암은 것과 같지 아니하니 심판은 한 사람을 인하여 정죄에 이르렀으나 은사는 많은 범죄를 인하여 의롭다 하심에 이름이니라 한 사람의 범죄를 인하여 사망이 그 한 사람으로 말미암아 왕 노릇 하였은즉 더욱 은혜와 의의 선물을 넘치게 받는 자들이 한 분 예수 그리스도로 말미암아 생명 안에서 왕 노릇 하리로다 그런즉 한 범죄로 많은 사람이 정죄에 이른 것같이 의의 한 행동으로 말미암아 많은 사람이 의롭다 하심을 받아 생명에 이르렀느니라 한 사람의 순종치 아니함으로 많은 사람이 죄인 된 것같이 한 사람의 순종하심으로 많은 사람이 의인이 되리라"(롬 5:12-19)

아담이 한 인류의 조상이 되기 이전에 그가 타락한 사람이었다는 사실을 생각해보면 전율이 흐른다. 아담은 불순종의 죄를 지었고, 그 결과는 그에게 속한 모든 자손들에게로 확장되었다. 우리는 그의 행동의 결과에 참여하고 있으며, 이미 언급한 대로, 우리는 이것의 실제성을 친히 우리의 경험을 통해서 배우고 있다. 이처럼 엄숙한 사실과는 반대로 복된 사실이 있다. 곧 하나님께서 또 다른 머리를 세우셨다는 것이다. 이 새로운 머리는 예수 그리스도이시다. 예수 그리스도는 머리가 되시기 이전에 위대한 일을 성취하셨고, 그 일의 효력과 은택은 그리스도에게 속한 모든 사람들에게로 확장된다. 그리스도는 십자가에서 죽으실 때, 하나의 위대한 의(로운) 행동을 하셨다. 우리는 이미 하나님께서 의(義)를 통해서 우리가 지은 죄들을 어떻게 해결하셨는지에 대해서 살펴보았다. 하지만 예수님께서 십자가에 가셨을 때 예수님은 죄들(SINS) 뿐만 아니라 죄(SIN)도 처리하셨다. 로마서 8장 3절을 보라.

"율법이 육신으로 말미암아 연약하여 할 수 없는 그것을 하나님은 하시나니 곧 죄를 인하여 자기 아들을 죄 있는 육신의 모양으로 보내어 육신에 죄를 정[죄]하사"

이 말은 예수님께서 하나님 앞에서, 타락으로 인해서 아담에 속한 모든 인류가 빠져든 '죄악된 상태', 즉 '죄(SIN)'를 대신 처리하셨다는 의미이다. 하나님이 부패하고 타락한 인류를 공의롭게 다루시는 유일한 방법은 죽음을 통해서 그 역사의 종지부를 찍게 하는 것이었다. 인류는 하나님을 위해서 할 수 있는 일이 전혀 없다. 따라서 그리스도의 죽음은 의의 위대한 행동이며, 그것을 통해서 인류는 법적으로 하나님 앞에서 죽음에 처해진 것이었다. 따라서 우리는 (부활하시고 높임을 받으신 결과로) 새로운 머리가 되신 예수 그리스도와 연합됨으로써 복된 삶과 자유 속으로 들어갈 수 있게 되었다.

하지만 만일 우리가 이 사실을 단지 교리로서만 배운다면, 우리는 아담에서 그리스도로 옮겨지는, 이처럼 위대한 사건이 가진 의미를 그저 이론적이고 피상적으로만 알게 될 뿐이다. 따라서 우리는 그 중요성과 복됨을 우리 자신의 경험을 통해서 배우는 일이 절대적으로 필요하다. 그렇다면 우리가 확신하는 것은, 만일 로마서 7장 7-24절에서 우리를 위해서 상세히 기록하고 있는 고뇌의 과정을 통과한 일이 없다면, 어느 누구도 "그리스도 안에" 있는 것이 무엇이며, 또 "그리스도 예수 안에 있는 생명의 성령"께서 주시는 영적 자유가 무엇인지를 제대로 이해할 수 없을 것이다.

거듭난 사람은 즉시 하나님을 위해서 살고 싶고 또 거룩한 삶을 살고 싶은 열망을 가지게 되며, 우리에게 주어진 영적인 빛에 따라서 많건 적건 진지한 노력을 하게 된다. 어쩌면 십계명을 지키려는 결심을 할 수도 있다. 예수님의 발자취를 따라, 예수님이 행하신 대로 자신도 행하고자 애쓸 것이다. 신약성경에 기록된 여러 가지 명령들과 교훈들에 따라 살아보고자 시도하게 될 것이다. 하나님의 것들에 대한 지식이 쌓일수록, 그가 도달하고자 하는 표준은 높아만 간다. 하지만 진지한 열망에도 불구하고 또 완벽하고 높은 기준에도 불구하고, 그 결과는 전적인 실패 뿐이다. 우리 영혼은 이제 다음 세 가지를 배울 차례이다.

1) "율법은 신령한 줄 알거니와 나는 육신에 속하여 죄 아래 팔렸도다"(14절)
2) "만일 내가 원하지 아니하는 그것을 행하면 내가 이로써 율법이 선한 것을 시인하노니 이제는 그것을 행하는 자가 내가 아니요 내 속에 거하는 죄니라"(16,17절)
3) "내 속 곧 내 육신에 선한 것이 거하지 아니하는 줄을 아노니 원함은 내게 있으나 선을 행하는 것은 없노라"(18절)

완벽한 기준과 진지한 열망이 더해진 결과로 이 단계에 이르게 되면, 신자는 자신이 육신에 져서 (육신대로 살면서) 종노릇하고 살아온 것을 발견하게 된다. 자신의 모든 선한 열망에도 불구하고 이 사실을 발견하게 되면, 그는 자신이 죄의 권세 아래 있으며, 자신이 정직하게 살고자하는 바를 이룰 수 없다는 것을 비로소 보게 된다. 게다가 자신을 노예로 부리고 있는 죄가 자기 속에 자리를 차지한 채 거하고 있다는 사실을 깨닫게 된다. 그렇다면 그는 죄가 자기 속에 거할 뿐만 아니라 자신이 '육신에 속한 사람'으로서 자기 속에는 죄밖에 없다는 결론에 이르게 된다. 동시에 그는 매우 중요한 차이점을 분별하는 법을 배우게 된다. 그는 자기 속에 하나님의 법을 즐거워하며 율법을 선한 것으로 인정하고, 또 선을 행하고자 하는 의지로 가득한 "속사람"이라고 부르는 새로운 도덕적 존재가 있다는 것을 발견하게 된다. 그는 자신을 이 새로운 도덕적 존재와 동일시하며, "만일 내가 원하지 아니하는 그것을 하면 이를 행하는 자는 내가 아니요 내 속에 거하는 죄니라"(20절)는 결론에 도달하게 된다. 그는 비로소 거듭난 자신과 자기 속에 거하는 죄를 구분하기에 이르렀다. 이것은 우리 영혼이 경험해야 하는 매우 중요한 전환점이다.

이제 영적인 질병의 본질을 배운 이후 다음 단계는 치료법을 발견하는 것인데, 이 단계에 들어온 사람은 또 나름 부지런히 자신의 노력을 다하기 시작한다. 그는 악을 억제하고 죄를 짓지 않으려고 노력하며 또 선을 증진하고자 있는 힘을 다해 애써보지만 아무런 성과가 없다. 이제 한 법을 발견하게 되는데, 곧 선을 행하기 원하는 자신에게 악이 함께 있다는 것이다. 비록 자기 속사람으로는 하나님의 법을 즐거워하지만, 자신의 지체 속에 또 다른 법이 있어 자기 마음의 법과 싸움을 벌이고 자기 지체 속에 있는 죄의 법 아래로 사로잡는 것을 보게 된다(21-23절). 그는 자기 속에 악이 있는 것을 알고 있다. 그래서 악을 억제해보려고 최선을 다해보지만, 자기에겐 그럴 능력이 없다는 것을 발견한다. 이제 이 일은 이러한 상태에 있는 사람으로 이렇게 부르짖을 수밖에 없는 상태로 밀어 넣는다.

"오호라 나는 곤고한 사람이로다 이 사망의 몸에서 누가 나를 건져내랴?"(24절)

그는 이제 시도하기를 멈춘다. 자기 개선을 더 이상 생각하지 않는다. 그는 자신, 곧 육신에 속한 사람, 사망의 몸에 갇힌 자신을 생각하며, 자기에 대한 절대적인 포기에 이른다. 그리고 모든 아담의 자손들이 속해 있는 삶의 질서에서 자신을 꺼내줄 완전한 해방을 바라보게 된다.

로마서 8장은 이처럼 고통스럽지만 그럼에도 절대적으로 필요했던, 영혼의 고뇌에 대한 완전한 해답을 우리에게 제공해준다. 만일 우리가 우리 자신에 대해서 불만족, 실망, 역겨움, 그리고 절망 등 여러 단계를 통과했다면, 우리는 이제 무한한 은혜가 마련해준 "그리스도 예수 안"이라고 하는 새로운 영역(new ground)에 들어갈 준비가 된 것이다.

이제 우리는 하나님이 예수 그리스도 우리 주님으로 말미암아 우리를 위해서 마련하신 위대한 해방의 역사가 있다는 것을 비로소 보게 되었다. 우리는 이제 로마서 6장과 7장에 있는, "우리의 옛 사람이 예수와 함께 십자가에 못 박[혔으며]"(롬 6:6), 따라서 우리가 "그리스도의 몸으로 말미암아 율법에 대하여 죽임을 당하였으니 이른 다른 이 곧 죽은 자 가운데서 살아나신 이에게 가서 우리가 하나님을 위하여 열매를 맺게 하려 함이라"는 진술의 의미와 가치를 이해하게 되었다. 우리는 그리스도의 죽음이 아담의 자손으로서 우리의 역사를 법적으로 종지부를 찍는 것임을 보며 감사한 마음을 가지게 되었다. 게다가 우리는 우리 "자신을 죄에 대하여는 죽은 자요 그리스도 예수 안에서 하나님께 대하여는 살아 있는 자로 여길" 수 있는 자격을 얻었고(롬 6:11), 또 그렇게 여길 수 있는 능력을 성령님으로부터 받았다. 이제 성령의 역사와 능력에 힘입어, 우리가 예수 그리스도의 죽음과 연합하여 죽었고 또 예수 그리스도의 부활에 연합하여 다시 살아난 믿음을 가질 때, 우리에게 해방이 이루어진다. 이러한 영적 해방의 결과로 우리는 '그리스도 안'이라고 하는 새로운 지위 속으로 들어간다.

로마서 8장 1절은 우리에게 새로운 지위(new position)를 보여준다. 3절은 하나님이 우리에게 새로운 지위를 주신 그 합법적인 근거를 보여준다. 2절은 우리로 하여금 그 새로운 지위를 취할 수 있게 해준 능력을 소개해준다. 이것은 우리의 단호한 결의나 혹은 열렬한 기도에서 나온 능력 때문이 아니라, 오로지 성령의 능력 덕분이다. 이제 우리는 9절에서 성경이 신자에 대해서 "만일 너희 속에 하나님의 영이 거하시면 너희가 육신에 있지 아니하고 영에 있나니"라고 말하는 것을 볼 수 있다. 성령의 임재가 우리를 새로운 상태에 합당한 삶을 살게 해주는 원동력이며, 비로소 그리스도인답게 살 수 있는 능력의 원천이다. 따라서 우리가 새로운 지위에 들어가게 되면 성령님은 우리를 능력과 자유 속에 두시고 계속해서 인도하실 뿐만 아니라 그 가운데서 지켜

주신다. 영에 있는 사람은 "그리스도 예수 안에 있는 생명의 성령의 법이 죄와 사망의 법에서 나를 해방하였음이라"고 말할 수 있다.

우리에게 주신 자유 가운데 굳게 서려면 우리는 반드시 우리의 새로운 지위 속에 머물러야 하며 또한 성령의 지배를 받아야 한다. 만일 성령님이 우리 자신을 죄에 대하여는 죽고 그리스도 예수 안에서 하나님께 대하여는 살아 있는 자로 여기도록 하셨다면, 성령님은 확실히 우리를 계속해서 영구히 그러한 여김 속에 두실 것이다. 성령님은 확실히 영구히 우리 자신을 죽은 자 가운데서 다시 살아난 자 같이 하나님께 드리며, 우리 지체를 의의 병기로 하나님께 드리도록 인도하실 것이다. 성령님을 통해서 우리는 몸의 행실을 죽음에 넘길 수 있고, 만일 몸의 행실을 따라 살게 되면 그것은 오직 죄를 지을 뿐이다. 따라서 우리는 우리 몸을 하나님이 기뻐하시는 거룩하고 산 제물로 드려야 한다. 이것이야말로 우리가 드릴 영적 예배인 것이다(롬 12:1). 이것이 해방과 자유를 끊임없이 누리는 길이며, 우리가 성령으로 행할 때에만 이것이 주는 능력과 기쁨을 유지할 수 있다. 우리가 만일 성령께 우리를 다스리시고 인도해주시기를 부탁드린다면, 우리는 계속해서 이 수준을 유지하면서 살 수 있을 것이다. 그렇다면 이 모든 내용들은 과연 우리가 성령을 좇아 행하는지 아니면 육체를 좇아 행하는지를 알아보는 실제적인 시험이 될 수 있다. 하나님께서 우리 마음에 성령의 인도와 성령의 능력이 함께 할 것을 보증해주는 이처럼 중차대한 원리의 복됨을 각인시켜주시길 빈다!

이제 우리는 또 다른 난관에 대해서 생각해보아야 하는 순간에 이르렀다. 이러한 어려움들은 종종 우리로 하여금 모든 기쁨과 평강으로 충만한 사람으로 살아가는데 엄청난 방해를 한다. 로마서 8장 18절은 우리에게

"현재의 고난"

에 대해서 말해준다.

나는 마치 하늘에 구름 한 점 없고, 바다에 잔 파도도 없는 듯한 삶을 살면서 매우 행복해마지않아 하는 신자들을 알고 있다. 그들은 이 세상 삶을 살아가는 동안 닥칠 수 있는 모든 환난에서 면제를 받은 듯한 인상을 준다. 하지만 일순간 가정에 혹은 개인에게 시련이 닥치고, 그들은 자신들의 확신하는 바가 무엇이었는지 모를 정도로 좌초하게 된다. 이제 그들은 인생의 폭풍이 몰아치는 순간 속히 조난 신호를 보낼 준비를 하며, 때때로 그들은 어째서 하나님이 자신들에게 그처럼 감당하기 어려운 시련을 보내셨는지, 어째서 자신들을 이처럼 힘들게 하시는지 의아해한

다.

　의외로 많은 신자들이 모든 기쁨과 평강을 믿음 안에서 충만하게 누리지 못하고 있으며, 성령의 능력으로 소망이 넘치는 것을 경험하지 못하고 있다. 왜냐하면 그들은 아직 세 번째 거대한 장벽을 극복하지 못했기 때문이다. 이 사실에 기초해 볼 때, 당신은 조만간 고난의 시기를 경험하게 될 것이다. 당신은 당신 만의 방법으로 경험할 것이고, 나는 나만의 방법으로 경험할 것이다. 그렇다면 이러한 현재적인 고난에서 면제된 신자는 있을 수 없다. 우리는 모두 이 모든 시련들에 직면할 터이지만, 하나님은 "모든 기쁨과 평강으로 충만한 영성으로" 이 모든 시련들을 넉넉히 견디며 통과하게 하실 것이다. 어떻게 이런 일이 가능할 수 있단 말인가? 그에 대한 대답은 로마서 8장 16-39절에 있다.

　1. "성령이 친히 우리의 영과 더불어 우리가 하나님의 자녀인 것을 증언하시나니 자녀이면 또한 상속자 곧 하나님의 상속자요 그리스도와 함께 한 상속자니 우리가 그와 함께 영광을 받기 위하여 고난도 함께 받아야 할 것이니라"(16-17절) 우리는 흔히 사람들이 하나님의 은혜로운 섭리라고 부르는 것에 의존할 필요가 없다. 우리 영으로 더불어 우리가 하나님의 자녀인 것을 증언하시는 것은 우리를 둘러싼 행복한 환경이 아니라 성령님이시다. 성령의 증거는 현재적인 고난의 양으로 입증될 성질의 것도 아

니다. 그래서 우리가 만일 하나님의 자녀이고 또한 하나님의 상속자라면 우리는 이미 무한한 은혜로 말미암아서 그리스도의 복락을 함께 누릴 특권의 자리에 들어온 것이다. 곧 "그리스도와 함께 한 상속자"인 것이다.

이처럼 놀라운 그리스도와 함께 하는 동반자가 된 데에는 두 가지 측면이 있다. 즉 그리스도와 함께 영광을 받을 뿐만 아니라 그리스도와 함께 고난도 받는 것이다. 그렇다면 (그리스도의 동반자인) 그대가 그리스도께서 받으신 것 이상으로 이 세상에서 더 나은 대우를 받을 수 있다고 보는가? 그리스도께서 죄로 인해 오염되고 모든 것이 망가진 이 세상을 걸어가신 길을 생각해보라. 그분의 거룩한 눈에 비친 모든 장면과 그분의 귀에 들린 모든 소리를 상상해보라. 이 세상은 아담을 머리로 해서 창조된 참으로 아름다운 세계였건만 얼마나 파괴되었는가! 그렇다면 참으로 복되신 주님께서는, 어느 누구도 느낄 수 없을 정도로 처절하게 "현재적인 고난"을 맛보셨던 것이다. 주님은 자신의 기력을 헛되이 소진하시는 듯 굶주림과 목마름을 경험하셨다. 위로해줄 사람을 찾았으나 아무도 없었고 오히려 원수들의 극심한 비난과 미움만 있을 뿐이었다. 신뢰하던 가까운 친구는 배신을 했고(시 41:9), 그토록 사랑했던 사람들은 자신을 모르는 사람이라고 부인(否認)하고 홀로 남겨두고 도망을 쳤다. "우리의 연약한 것을 친히 담당하시고 병을 짊어지셨[기에]"(마 8:17) 주님의 마음은 계속해서 말로 형용할 수 없는 짐을 느끼셨다. 그렇다면 주님이 그 능력으로 제거하신 우리 모든 연약과 질병의 온전한 무게는 성령을 통해서 느껴지게 된다. 주님은 실로, 선지자가 감동스럽게 표현한대로, "간고를 많이 겪었[던]"(사 53:3) 슬픔의 사람으로서 질고를 아는 분이셨다. 주님은 죄가 세상에 끼친 모든 폐해를 친히 느끼셨고, 당신도 이제는 충분히 느낄 수 있다. 당신은 "그리스도와 함께 고난도" 받도록 부르심을 받았다. 이제는 고난의 문제를 새로운 시각으로 바라보아야 하지 않겠는가?

2. "현재의 고난은 장차 우리에게 나타날 영광과 비교할 수 없도다."(18절) 하나님은 우리가 겪는 시련과는 족히 비교할 수도 없을 정도로 큰 영광을 우리 앞에 두셨다. 하나님은 모든 것을 하나님에게만 의존해야 하는 상황 속으로 우리를 인도하고 계신다. 그 어간에 우리 죽을 몸은 탄식하며 고통 중에 있는 피조세계와 연결되어 있다. 하지만 하나님은 우리에게 첫 열매와 및 영광의 보증으로서 성령님을 주셨다. 비록 우리를 둘러싼 상황과 환경 가운데서 다만 고통을 느낄 뿐, 무엇을 기도해야 할지 모르는 가운데 있을지라도, 성령님은 하나님의 뜻을 따라서 우리의 연약함을 도우시며 또한 말로 표현할 수 없는 탄식과 더불어 우리를 위해서 중보 기도를 해주신다. 하나님은 고통 중에 있는 자기 백성을 돌아보시며, 성령님을 통해서 하나님 자신에게 온전히 합당한 무언가를 신자의 마음 속에 일으키신다.

3. 현재의 고난들을 통해서 우리 마음을 이끌어가는 뚜렷한 목표는 바로 하나님의 목적을 알게 하는데 있다. 로마서 8장 28-32절을 읽으라.

"우리가 알거니와 하나님을 사랑하는 자 곧 그의 뜻대로 부르심을 입은 자들에게는 모든 것이 합력하여 선을 이루느니라 하나님이 미리 아신 자들을 또한 그 아들의 형상을 본받게 하기 위하여 미리 정하셨으니 이는 그로 많은 형제 중에서 맏아들이 되게 하려 하심이니라 또 미리 정하신 그들을 또한 부르시고 부르신 그들을 또한 의롭다 하시고 의롭다 하신 그들을 또한 영화롭게 하셨느니라 그런즉 이 일에 대하여 우리가 무슨 말 하리요 만일 하나님이 우리를 위하시면 누가 우리를 대적하리요 자기 아들을 아끼지 아니하시고 우리 모든 사람을 위하여 내주신 이가 어찌 그 아들과 함께 모든 것을 우리에게 주시지 아니하겠느냐"

우리가 마땅히 빌 바를 알지 못할지라도, 우리가 확실히 아는 것은 "하나님을 사랑하는 자 곧 그의 뜻대로 부르심을 입은 자들에게는 모든 것이 합력하여 선을 이룬다."는 것이다. 참으로 경이로운 신성한 은혜의 사슬을 보라! 이 황금 사슬은 영원 과거에서 영원 미래에 이르기까지 두 끝점을 서로 연결하고 있으며, 그 사이에 있는 모든 슬픔과 모든 고난을 함께 엮어서 모든 것을 선으로 바꾸며 모든 수단을 동원해서 결국 영광 가운데 있는 영원한 목적에 이르도록 해준다! 따라서 이 모든 고난 속에서도 우리는 "하나님이 우리를 위하실진대 누가 우리를 대적하겠는가? 자기 아들을 아끼지 아니하시고 우리 모든 사람을 위하여 내주신 이가 어찌 그 아들과 함께 모든 것을 우리에게 주시지 않겠는가?" 하고 말할 수 있다.

4. 로마서 8장 35절부터 끝까지를 보면, 온갖 종류의 환난과 고통이 열거되어 있다. 35-39절을 읽으라.

"누가 우리를 그리스도의 사랑에서 끊으리요 환난이나 곤고나 박해나 기근이나 적신이나 위험이나 칼이랴 기록된 바 우리가 종일 주를 위하여 죽임을 당하게 되며 도살당할 양 같이 여김을 받았나이다 함과 같으니라 그러나 이 모든 일에 우리를 사랑하시는 이로 말미암아 우리가 넉넉히 이기느니라 내가 확신하노니 사망이나 생명이나 천사들이나 권세자들이나 현재 일이나 장래 일이나 능력이나 높음이나 깊음이나 다른 어떤 피조물이라도 우리를 우리 주 그리스도 예수 안에 있는 하나님의 사랑에서 끊을 수 없으리라."

악한 자의 능력이 우리를 넘어뜨리기 위해서 일으킬 수 있는 그 모든 가능성이 제시되어 있지만, 그럼에도 이 가운데 그 무엇도, 심지어는 이 모든 것을 합할지라도, "그리스도의 사랑"에서 혹은 "그리스도 예수 안에 있는 하나님의 사랑에서" 신자를 끊을 수 없다. 이처럼 영광스러운 진리가 우리를 굳게 붙들고 있다. 따라서 그 어떠한 시련에 처해있을지라도, 신자는 승리에 찬 목소리로 "이 모든 일에 우리를 사랑하시는 이로 말미암아 우리는 넉넉히 이기는 자들이라"고 외칠 수 있다. 만일 바울과 실라가 빌립보 감옥에서 아무 불평 없이 자신들에게 닥친 고난을 견디기만 했다면, 그들은 그저 평범한 승리자들이었을 것이다. 하지만 그들은 이보다 더 훌륭한 신앙을 나타냈다. 그들은 극심한 시련 중에도 찬송을 부를 수 있었기에, 그들은 넉넉히 이기는 승리자의 반열에 들어갈 수 있었다. 그들은 현재의 고난들에도 불구하고, "모든 기쁨과 평강을 믿음으로" 충만해질 수 있으며 또한 "성령의 능력으로 소망이 넘치게" 될 수 있다는 것을 배웠다.

신자들로 하여금 이처럼 충만한 복을 누리지 못하도록 방해하는 장애물이 한 가지 더 있다. 어쩌면 우리가 지금까지 살펴본 장애물 가운데 가장 위험하고도 심각한 장애물일 수 있다. 그것은 바로

이 세대를 본받고자 하는 것이다.

로마서 12장 1,2절을 읽으라.

"그러므로 형제들아 내가 하나님의 모든 자비하심으로 너희를 권하노니 너희 몸을 하나님이 기뻐하시는 거룩한 산 제물로 드리라 이는 너희가 드릴 영적 예배니라 너희는 이 세대를 본받지 말고 오직 마음을 새롭게 함으로 변화를 받아 하나님의 선하시고 기뻐하시고 온전하신 뜻이 무엇인지 분별하도록 하라."

이 구절에는 이처럼 경이로운 서신인 로마서를 통해서 실제적인 결과를 도출해내는데 꼭 필요한 교훈이 담겨있다. 이 두 구절은 하나님을 향해 살아있는 사람이 살아가는 실제적인 모습을 잘 설명하고 있다. 그는 신중하게 자신의 몸을 산 제사로, 거룩하고 받으실만하게 하나님께 드린다. 사탄의 모든 노력은 그러한 결과에 이르지 못하도록 방해하는 거란 생각이 들지 않는가? 사탄은 어떻게 일을 하는가? 교묘한 방식으로 우리 자신도 눈치 채지 못하는 사이에, 하나님에게 전혀 속하지 않은 것들을 슬며시 도입하도록 획책하며, 하나님의 일을 순수하지 못한 동기를 가지고 하도록 격동시킨다. 그리스도인으로서 감히 생각할 수도 없는 세상의 원리와 육신적인 방식을 동원해서, 서서히 진행되지만 확고한 방식으로 일을 진행시킨다. 그렇다면 신자는 세상을 버렸노라고 고백했지만 자신도 모르는 사이에 세상을 본받고 있는 것이다. 세상을 본받는 것은 하나님의 백성들에게 가장 무서운 질병이며 가장 심각한 장애물일 뿐만 아니라, 지난 수 세기 동안 교회를 망가뜨리고 파괴시킨 주범이었다.

당신은 과연 "나는 세상을 본받고 있지 않으며 또 그럴 위험 가운데 있지도 않다."고 말할 수 있는가? 나의 형제여, 당신이 굳이 그렇게 말한다면, 당신은 이미 세상을 본받고 있는 것이다. 기억하라. 성령님이 여기서 다루고 있는 것은 밖에 있는 세상의 문제가 아니라, 우리 속에 있는 세상의 문제이다. 그렇다면 모든 사람은 자기 마음 속에 세상을 품고 다닌다. 당신은 어쩌면 검소한 옷을 입고서, 외적으로 세상 패션과는 거리를 두고 살지도 모르지만, 그럼에도 여전히 이 세대를 본받고 있는지 모른다. 로마서 12장 1절로 15장 7절까지를 읽어보길 권하고 싶다. 그렇다면 우리는 이 세대를 본받지 않는 것이 무엇인지를 배울 필요가 있다. 이 세대를 본받지 말라는 권면은 흔히 생각하는 것보다 더 깊고 더 구체적인 적용을 가지고 있다. 일곱 가지 세부적인 지침을 살펴보자.

1. "내게 주신 은혜로 말미암아 너희 각 사람에게 말하노니 마땅히 생각할 그 이상의 생각을 품지 말고 오직 하나님께서 각 사람에게 나누어 주신 믿음의 분량대로 지혜롭게 생각하라" (12:3)
2. "서로 마음을 같이하며 높은 데 마음을 두지 말고 도리어 낮은 데 처하라"(12:16)

3. "스스로 지혜 있는 체 하지 말라"(12:16)
4. "내 사랑하는 자들아 너희가 친히 원수를 갚지 말라]…악에게 지지 말고 선으로 악을 이기라."(12:19-21)
5. "각 사람은 위에 있는 권세들에게 복종하라"(13:1)
6. "또한 너희가 이 시기를 알거니와 자다가 깰 때가 벌써 되었으니 이는 이제 우리의 구원이 처음 믿을 때보다 가까웠음이라 밤이 깊고 낮이 가까웠[다]"(13:11,12)
7. "자기를 기쁘게 하지 아니할 것이라 우리 각 사람이 이웃을 기쁘게 하되 선을 이루고 덕을 세우도록 할지니라 그리스도께서도 자기를 기쁘게 하지 아니하셨[다]"(15:1-3)

이 일곱 가지 세부 지침을 독자들에게 제시하고 싶다. 그리고 전체 본문(롬 12-15장)을 기도하는 마음으로 읽어보길 바란다. 그리하면 이 세대를 본받지 않을 수 있는 영성을 우리 속에 심화시킬 수 있을 것이다. 이 모든 지침들은 외적인 행실과 연결되어 있기 보다는 사실 우리 마음의 상태와 우리 마음의 태도와 연결되어 있다. 따라서 "오직 마음을 새롭게 함으로 변화를 받[으라]"는 권면이 있는 것이다. 이 사실에 기초해서, 만일 내적인 새로운 변화가 일어난다면, 우리의 전체적인 모습과 행실에는 엄청난 변화가 따를 것이다. 물론 속에서부터 시작되는 변화를 전제로 했을 때에만 가능한 일이다. 한 가지 확신하는 것은 바로 이렇다. 만일 그대가 이 세대를 본받고 있다면, 믿음을 통하여 모든 기쁨과 평강으로 충만해지는 일이나, 성령의 능력으로 소망이 넘치는 일은 가능하지 않다는 것이다.

이제 로마서의 목적이 무엇인지 살펴보자. 화평과 해방을 소유한 신자는 현재적 고난에도 불구하고 넉넉히 이기는 자들이며, 이 세대를 본받지 않는 사람이며, "모든 기쁨과 평강을 믿음 안에서" 풍성하게 누리는 사람이다. 그렇다면 로마서 전체를 통해서 계시되어 있는 하나님의 은혜는 결국 신자를 소망의 상태에 넣어주는 것을 목적으로 하고 있다. 신자가 의롭다 함을 받고 또 하나님과의 화평을 누리게 되면, "하나님의 영광을 바라고 즐거워" 하게 된다(롬 5:2). 로마서 8장에 소개된 대로, 신자가 영적인 자유 가운데 들어가게 되면, 그는 여전히 옛 피조세계와 자신의 몸이 연결되어 있기에 속으로 탄식할 수 밖에 없지만 그럼에도 하나님께서 자신의 죽을 몸을 성령으로 다시 살리실 그 순간을 소망하며 살아가게 된다. 즉 "양자 될 것 곧 우리 몸의 구속"(23절)을 기다리는 것이다. 신자는 소망으로 구원을 얻었다. 구원은 처음 믿을 때보다 날마다 가까워지고 있다. 하나님의 원수들이 판을 치는 세상에서, 죄로 인해서 망가진 피조세계에서 신자는 반드시 소망 상태에 머물러야 한다. 물론 신자는 그런 환경 속에서 결코 맘 편할 수 없을 것이다. 하지만 소망 상태에 머물게 되면, "소망의 하나님"으로 자신을 계시하신 하나님과 전적으로 하나 되어 있는 자신을 발견하게 될 것이다. 하나님은 은혜를 통해서 우리를 이러한 소망 상태에 넣어주셨고, 하나님도 이 소망 상태 안에서 우리와 함께 해주신다. 왜냐하면 사실 하나님도 소망하시기 때문이다. 하나님은 하나님 은혜의 경륜이 최종적으로 광채를 발하게 될 그 영광의 날을 소망하신다. 게다가 우리도 하나님이 품으신 그러한 기대감을 함께 공유하기를 바라신다. 하나님은 우리가 모든 기쁨과 평강을 믿음 안에서 충만하게 되고, 성령의 능력으로 소망이 넘치기를 원하신다. 즉 하나님은 우리가 믿음과 성령의 능력에 의해서, 하늘의 기쁨과 평안을 풍성히 누리도록 해주시며, 우리 영혼이 장차 나타날 영광을 고대하는 마음으로 가득하도록 역사하신다. 그렇다면 언젠가는 우리를 둘러싼 모든 환경과 우리 몸의 상태도 우리 마음을 가득 채우고 있는 기쁨과 평안과 완벽한 일치를 이루는 날이 오게 될 것이다. 따라서 우리는 이제라도 "성령의 능력으로 소망이 넘치[는]" (롬 15:13) 삶을 살 수 있다. 이것이 바로 바울의 복음이 가지고 있는 힘이다. 만일 우리가 바울의 복음을 통해서 어떠한 시련이나 고난에도 흔들리지 않는 뿌리 깊은 영성을 확립할 수 있다면, 복음과 성령의 힘을 품게 될 것이다. 능력의 주님은 바울의 복음을 통해서 우리로 뿌리 깊은 영성에 들어가게 해주신다. 이처럼 풍성한 복을 모든 독자들이 누릴 수 있기를 바란다! 하나님께서 지금은 우리 각 사람을 복주시고 또 뿌리 깊은 영성을 소유한 그리스도인이 되게 해주시며, 장차 하나님 아들 우리 주 예수 그리스도의 영광에 들어가게 해주시길 빈다!

제 2장 세 가지 심판

창 22:1-14, 21:8-14, 19:27,28

이 성경 구절들은 우리에게 세 가지 심판의 장면을 보여준다. 주님이 이 세 가지 심판의 장면을 통해서 모든 독자들로 하여금 영적인 도움과 복을 얻도록 해주시길 바란다. 세 가지 장면 중 첫 번째 장면에서 독자는 "아브라함이 아침에 일찍이 일어[난]" (창 22:3) 것을 볼 수 있다. 아브라함은 진지했고, 마음의 목표를 정했다. 믿음이 살아 꿈틀거렸고, 대단한 열정을 뿜어냈다. 이기적인 안락을 추구하거나, 게으르거나 나태하지 않았으며, 행동이 굼뜨지도 않았다. 그는 믿음의 활력이 넘치는 사람이었다. 독자들이여, 믿음의 활력에 비례해서 하나님께로부터 복을 받는다는 사실을 기억하라. 만일 우리 마음이 하나님에게 속한 것들이 가지고 있는 실상과 그 복됨을 사모하면서 추구하고 있다면, 그래서 거기에 마음을 두고 있다면, 확신컨대, 우리는 신령한 복과 기쁨으로 크게 풍성해질 것이다.

앞에서 제시한 몇 개의 장에는 믿음의 에너지로 충만한 한 사람을 통해서 세 가지 심판의 장면이 소개되고 있는데, 이 모형적 그림 속에는 우리가 반드시 알아야 할 매우 중요한 교훈이 담겨 있다. 첫째 그림은 평강을 누리는 삶을, 둘째 그림은 기쁨을 누리는 삶을, 그리고 셋째 그림은 증거의 삶을 교훈하고 있다. 각각의 그림이 주는 교훈을 받지 못한다면 우리는 이 세 가지 영역에서 철저히 실패할 수밖에 없다.

창세기 22장에 그려져 있는 감동스러운 장면보다 더욱 의미심장한 그림은 성경에서 찾아 볼 수 없다. 칼을 잡은 손이 공중에 머물러 있고 필살의 일격을 가하려는 순간을 그리고 있는 그림은 누구라도 그 의미를 읽어낼 수 있을 정도로 선명하다. 이것은 가장 위대한 사실을 우리에게 보여주고 있다. 즉 하나님은 "자기 아들을 아끼지 아니하시고 우리 모든 사람을 위하여 내주신"(롬

8:32) 분이라는 사실이다. "(그를) 내주신"이라는 단어에 주목해 보자. 다른 성경은 그를 주셨다, 그를 보내셨다, 그에게 기름을 부으셨다, 그와 함께 하셨다고 말하지만, 우리 앞에 있는 모형적인 그림을 통해서 우리로 생각해보도록 제시하고 있는 가장 최고의 사실은 바로 "하나님이 그를 내주셨다"는 것이다. 그렇다면 이것은 일반적으로 말하는, 성육신을 말하고 있는 것이 아니다. 성육신을 통해서 이 세상에 출생하신 하나님의 거룩하신 이는 "오직 주께서 나를 모태에서 나오게 하시고 내 어머니의 젖을 먹을 때에 의지하게 하셨나이다"(시 22:9)라고 말씀하셨다. 또한 "그를 내주셨다"는 것은 이 땅에서 하나님께 헌신된 삶을 사신 그리스도의 거룩한 삶을 가리키지도 않는다. 우리는 성경에서 끊임없이 그리스도의 대적들이 그분을 건들지도 못했다고 말하는 것을 볼 수 있다. 왜냐하면 "그의 때가 아직 이르지 않았기" 때문이었다(요 7:30). 하지만 때가 되었을 때, 주님은 십자가에 달리셨고, 거기서 하나님의 뜻을 온전히 이루셨다. 바로 그때 주님은 "이방인에게 넘겨[진]"(눅 18:31,32) 것이었다.

이 사실을 생각해볼 때, 우리가 잊지 말아야 할 것은, 만일 그리스도께서 내어 줌이 되셨다면, 그것은 또한 기꺼이 "자신을 내어 주신 것"이었다는 점이다. 참 이삭이신 주님은 자신을 내어주셔야만 했던 하나님의 모든 뜻에 자신을 일치시키셨다. 그래서 창세기 22장에는 "두 사람이 동행하더니"(6절), "두 사람이 함께 나아가서"(8절)라는 말이 반복해서 나온다. 이것은 참으로 놀라운 방법으로 하나님과 그 사랑하는 아들께서 십자가에서 끝나는 사랑의 길을 함께 동행하시며 걸으신 사실을 보여준다. 그 길에서 아드님은 "나를 보내신 이가 나와 함께 하시도다 내가 항상 그가 기뻐하시는 일을 행하므로 나를 혼자 두지 아니하셨느니라"(요 8:29)고 말씀하실 수 있으셨다. 당신의 눈과 마음이 십자가에 내주신바 되고 또 기꺼이 자신을 내어주신 참 이삭이신 우리 주님께 고정되기를 바란다. 거기서 우리는

심판 아래 있는 하나님의 아들을

보게 될 것이다.

죄인들이 복을 얻으려면 두 가지 요소가 갈보리 십자가 심판에서 해결되어야만 했다. 첫 번째 요소는 하나님의 거룩성이 죄에 대한 심판을 요구했다는 것이다. 만일 거룩하신 주께서 그 영혼의 고통 속에서 "나의 하나님 나의 하나님 어찌하여 나를 버리셨나이까?"라고 외치셨다면, 하나님은 그처럼 비할 데 없는 질문에 대하여 "이스라엘의 찬송 중에 계시는 주님은 거룩하시기 때문"(시 22:1-3)이라고 대답하실 것이다. 두 번째 요소는 영적으로 각성된 양심은 죄가 공의롭고도 거룩한 심판을 통해서 해결되었다는 사실에 입각한 지식이 없다면, 하나님의 임재 가운데

서 결코 평안을 가질 수 없다는데 있다. 그대는 평안을 누리고 있는가? 그대는 과연 하나님 앞에서 '하나님과 나 사이에는 한 점 먹구름도 없으며, 한 치의 부끄러움도 없다.'고 말할 수 있는가? 그렇지 않다면, 이 책을 계속해서 읽어나감으로써 값으로 따질 수 없는 평안의 복을 얻을 수 있기를 바란다. 이제 하나님의 아들께서 십자가에서 이루신 무한한 가치를 가지고 있는 사역의 네 가지 측면을 살펴보자.

1. "예수는 우리가 범죄한 것 때문에 내줌이 되고 또한 우리를 의롭다 하시기 위하여 살아나셨느니라"(롬 4:25)

하나님은 죄인들이 지은 죄들을 대신 질 수 있고 또 하나님의 거룩성을 만족시키는 방식으로 죄인들이 받아야 하는 심판을 대신 받을 수 있는 한 분을 예비하셨다. 이것은 전적으로 하나님의 은혜에 속한 일이었다. 우리는 십자가에서 우리가 지은 죄들에 대해서 심판하심으로써 하나님의 무한한 거룩성이 나타난 것을 볼 수 있다. 하지만 우리는 그러한 심판이 우리로 하여금 의롭다 함을 얻고 하나님과의 화평을 누리도록 하기 위해서, 자원해서 자신을 희생하시고 우리를 향한 헌신된 사랑으로 그것을 대신 받으신 분에게 집행된 것을 본다. 예수님은 우리가 지은 죄들을 대속하기 위해서 자신을 주셨고, 십자가에 달려 그 몸으로 우리 죄들을 짊어지셨으며, 그 모든 죄들을 없애 주셨다. 예수님은 과연 그 모든 죄들을 다 제거하셨는가? 그렇다! 그리스도께서 누구신지를 기억한다면, 그분의 사역이 가지고 있는 가치와 효력에 대해서 의문을 가질 수 없을 것이다. 누군가 위대한 일을 한다고 했을 때, 그 일의 성취 여부는 또는 그 일에 대한 우리의 만족과 확신은 그 일에 관여하고 있는 사람이 그 일을 해낼만한 능력이 있는가에 달려 있다. "우리의 범죄한 것 때문에 내줌이" 되신 우리 주님이 가지고 계신 위격의 영광을 생각해보라! 하나님의 아들이 하시는 일에 무슨 실패가 있을쏜가? 그처럼 경이로운 위격의 소유자가 하신 일을 보시고, 하나님은 신자의 죄에 대해서 공의롭게 "그들의 죄와 그들의 불법을 내가 다시 기억하지 아니하리라"(히 10:17)고 말씀하셨다.

하나님은 "예수 우리 주를 죽은 자 가운데서 살리[셨다.]"(롬 4:24) 우리 구주께서는 "우리의 범죄한 것 때문에" 죽음과 심판을 받으셨기에, 하나님의 장부(帳簿)에 보면 모든 신자는 주님만큼 깨끗하게 되었다. 이 사실을 알게 될 때, 우리는 믿음에 의해서 의롭다 함을 받으며, "우리 주 예수 그리스도로 말미암아 하나님과 화평을"(롬 5:1) 누리게 된다.

2. "율법이 육신으로 말미암아 연약하여 할 수 없는 그것을 하나님은 하시나니 곧 죄로 말미암아 자기 아들을 죄 있는 육신의 모양으로 보내어 육신에 죄를 정[죄 하셨다.]"(롬 8:3)

이 구절에 담긴 진리는 우리가 무엇을 했느냐가 아니라 우리가 지금 누구인가와 관계가 있다. 우리 모두는 다음과 같은 사실을 인정해야 한다. 즉 우리는 많은 잘못된 일들을 저질렀으며, 이처럼 악한 일들의 원천이 우리 속에 있다는 사실이다. 좋은 나무가 이처럼 못된 열매를 맺을 수 없다. 우리가 행한 일들은 우리가 어떠한 사람인가에 따라서 산출되는 결과물이다. 이에 대해서 성경은 "내 속 곧 내 육신에 선한 것이 거하지 아니하는 줄을 아노니"(롬 7:18)라고 말하고 있다. 성경은 이것을 가슴 아픈 진실로 선포하고 있다. 조만간 모든 회심한 사람은 이것을 경험하게 될 것이고 또한 사실로 확증하게 될 것이다. 한 친구가 있었는데, 그는 오랜 동안 병마에 시달리다가 마침내 임종의 시간을 맞이하게 되었다. 병상에서 나에게 이런 말을 해주었다.

'주님은 나에게 내가 어떤 사람인지를 보여주셨다. 나는 이전부터 내 안에 나쁜 것들이 많다는 것을 알고 있었다. 하지만 이제야 내 안에 선한 것이 거하지 않는다는 것을 볼 수 있었다.'

이것은 참으로 엄중하지만 그럼에도 꼭 필요한 교훈이다.

(신자 속에 있는) "죄 있는 육신"의 존재가 하나님께 큰 불명예를 끼치는 것이다. 하나님 마음의 특별한 대상인 사람은 죄의 상태에 있으며, 그러한 상태에 있는 사람은 하나님의 눈으로 볼

때, 그 속에 선한 것이 조금도 거하고 있지 않다. 이것은 참으로 끔찍스러운 일이지만 사실이다. "죄 있는 육신"이 어찌 하나님의 신뢰를 받으며 또한 하나님의 영광과 무슨 관계가 있을 수 있단 말인가? 재료가 너무 나쁜 것이어서 재활용의 가능성도 없다. 이 때 율법이 적용되어야 하며, 신자 속에 있는 악을 검출해내어야 한다. 하지만 율법은 하나님의 영광에 이르도록 결코 악을 바로 잡을 수도 없고 또 악을 제거할 수도 없다. 로마서 8장 3절은 하나님이 죄 있는 육신을 어떻게 다루셨는지를 보여준다. 하나님은 육신 속에 있는 죄를 정죄하셨고, 그 아들의 죽음 안에서 끝장을 내셨다. 그 속에 선한 것이 거하지 아니하는 사람은 그리스도의 죽음을 통해서 하나님 앞에서 끝났다. 죄 있는 육신은 십자가 심판에 의해서 하나님 앞에서 제거되었다.

3. "자녀들은 혈과 육에 속하였으매 그도 또한 같은 모양으로 혈과 육을 함께 지니심은 죽음을 통하여 죽음의 세력을 잡은 자 곧 마귀를 멸하시며 또 죽기를 무서워하므로 한평생 매여 종노릇 하는 모든 자들을 놓아 주려 하심이니" (히 2:14,15)

마귀는 죽음 너머에까지는 그 힘을 미치지 못하며, 죽은 자에게도 힘을 쓰지 못한다. 사람들은 지어낸 시적인 개념들을 사실로 받아들임으로써 사탄이 죽음 너머 지옥세계를 통치한다고 믿는다. 하지만 사실 마귀는 모든 잃어버린 피조물 가운데 가장 불쌍한 존재로 영원한 지옥 불못에 떨어지게 될 것이다. 사탄의 왕국은 무덤 안에 갇혀 있다. 그 영역은 사망까지 펼쳐져 있지만, 거기서 끝난다. 하나님은 마귀에게 죽음의 권세를 가지고 사람의 양심에 두려움을 끼침으로써 그 영향력을 행사하도록 허락하셨다. 성직자들은 우상숭배, 미신, 그리고 계략을 써서 수를 셀 수 없이 많은 사람들에게 그 흑암의 폭정을 행사했으며, 그들은 마귀의 세력이 떠받치고 있는 죽음에 대한 공포를 비밀스러운 무기처럼 사용해서 사람들을 통치해왔다.

한 죄인의 양심이 성령님에 의해서 각성될 때, 죽음의 공포는 그 영혼을 마치 뜨거운 철판에 올려놓거나 고통스러운 번뇌 속으로 집어넣는다. 모든 사람에게 해당되지는 않을지라도 우리 대부분은 이러한 것을 경험해보았을 것이다. 죽음을 생각할 때, 무서움을 주는 실체가 있다. 그것은 아담의 자손으로서 우리 모두에게 엄습하는 어둡고 검은 구름이다. 미래에 대한 모든 희망을 산산 조각내며, 땅에 속한 모든 밝은 전망조차도 끝장내버린다. 육신에 속한 우리 총체성을 완전히 파괴해버린다. 죽음에 대한 생각이 당신에게 이르면, 당신의 양심은 무서운 두려움으로 가득하게 될 것이다. 죽음의 공포에서 벗어날 수 있는 유일한 길이 있다면, 그것은 우리를 위해서 죽음도 불사하신 보배로우신 구주를 아는 지식에 있다. 예수님은 죄의 삯으로서, 마귀의 권세로서, 하나님의 심판으로서의 죽음의 고통과 실체를 직접 맛보셨다. 예수님은 어느 누구도 감당할 수 없는 방식으로, 사망을 몸소 체험하심으로써 우리를 그 사망과 사망의 두려움에서 영원히 해방시켜 주셨다. 예수님은 친히 사망의 권세 아래 들어가심으로써, 당신과 나를 위해서 그 사망의 권세를 무력화시키셨다.

사탄은 이제 사망에서 부활한 사람을 손댈 수 없다. 당신이 만일 사망의 건너편 있는 것을 소유한 자가 되면, 당신은 사탄조차도 손댈 수 없는 것을 소유하게 된 것이다. 하나님께 감사하자! 예수님은 다시 살아나셨다. 예수님은 우리를 위해서 죽음 속으로 들어가셨던 구주 하나님이시다. 게다가 이제는 영원히 사망을 이기셨고, 믿는 자들의 의(義)와 생명과 기쁨이 되셨다. 우리의 모든 복은 사망을 이기신 오직 한 분 안에 있다. 이러한 것들이 바로 "미쁜 은사, 즉 확실한 자비"(행 13:34)이다. 다른 것으로는 확실한 자비가 주어진 적이 없다. 당신은 어쩌면 당신의 돈을 잃을 수 있고, 당신의 직책, 당신의 능력, 당신의 친구, 당신의 건강을 잃어버릴 수 있다. 사망의 이쪽에는 확실한 것이 하나도 없다. 하지만 사망의 저쪽에는 모든 것이 확실하다. 우리가 부활하신 구주 예수님 안에서 가지고 있는 것은 어느 것도 실패할 수 없고, 어느 것도 잃을 수 없다.

4. "그리스도께서 너희를 사랑하신 것 같이 너희도 사랑 가운데서 행하라 그는 우리를 위하여 자신을 버리사 향기로운 제물

과 희생 제물로 하나님께 드리셨느니라."(엡 5:2)

이 구절은 우리로 하여금 그리스도께서 자신을 하나님께 드리심으로써 이루신 사역의 무한한 가치를 보지 못하는 일이 있어서는 안 될 것을 교훈하고 있다. 그리스도는 심판을 받으시고 사망에 처해지셨지만, 하나님의 영광을 위해서, 그리고 하나님 사랑의 완전함 속에서 그리하신 것이다. 하나님을 향한 그리스도의 헌신과 아버지를 향한 그리스도의 사랑은, 우리를 위해 친히 자신을 내어주셨을 때만큼 그리 잘 표현된 적이 없다. 그리스도는 아들로서 순종과 사랑을 가지고, 죄와 심판과 사망의 자리 속으로 들어가셨고, 이것은 자신의 사역을 하나님께 "향기로운 제물과 희생 제물"이 되게 했다.

> 사랑은 어두운 사망의 골짜기에서
> 가장 강렬한 향기를 발산했다.
> 죄가 모든 것을 삼킨 듯한 그곳에서
> 구속의 영광은 가장 밝은 빛을 발했다.

참 이삭이신 우리 주님이 희생 제물로 드려졌고, 우리 주님의 목숨 값으로 죄들이 사해졌으며, 육신 안에 있는 죄도 정죄를 받았다. 마귀의 권세는 무력화되었고, 신자는 영원히 온전케 되었으며, 하나님은 영광을 받으셨다. 이제 믿음으로 그 거룩한 심판

장면을 바라보며, 모든 것이 하나님의 영광에 합하게 해결되었음을 믿음으로 바라보는 모든 사람에게 완전한 확신과 평강이 임한다. 이 심판의 장면을 보고, 이제는 심판을 이기고 승리하신 우리 주님, 부활의 구주를 바라볼 때, 어둠과 의심과 두려움은 마음에서 물러가고, 양심은 완전한 평안을 누리게 된다.

이제 창세기 21장으로 가보자. 그리하면 이 그림은 아브라함의 집에서 이스마엘이 축출되는 이야기를 통해서

심판 아래 있는 육신을

볼 수 있을 것이다.

우리는 이미 죄 있는 육신이 십자가에서 하나님의 심판을 받았다는 것을 살펴보았다. 우리가 만일 이 사실을 실제로 이해하게 되면, 어째서 육신이 신자와 더불어 반드시 심판의 대상이 되어야 하는 것인지 그 절대적인 이유를 선명하게 보게 될 것이다. 그 아들의 죽음 안에서 육신에 있는 죄를 정죄하신 하나님은 신자 속에 있는 육신을 그저 두고 볼 수는 없으셨다. 신자가 만일 자신의 육신이 십자가에서 심판을 받았다는 것을 알고도, 여전히 자기 속에 있는 육신을 용인하거나 그 욕망을 따라 사는 것을 만족스럽게 여긴다는 것은 참으로 기괴망측한 일이다. 사실 무

엇보다 우리는 육신이 무엇인지를 제대로 알고, 육신에서는 선한 것이 나올 수 없다는 것을 경험을 통해서 배울 필요가 있다. 그 후에야 우리는 진정 육신과의 관계를 끊을 수 있는 준비가 될 것이다. 이스마엘의 고질적인 나쁜 습성은, 아브라함이 그를 내쫓을 준비가 될 때까지 충분히 입증될 필요가 있었다. 우리가 여기서 주목해야 할 필요가 있는 것은, 이스마엘이 하나님과는 조금도 일치하는 부분이 없는, 자신의 본색을 드러낸 것은 이삭의 존재감과 존귀성 때문이었다는 점이다.

이스마엘은 하나님이 이삭을 주실 때까지 아브라함의 집에서 14년 동안 살았고, 이삭의 출현은 이스마엘이 하나님을 위한 사람이 아니라는 것을 선포하는 것이었다. 이스마엘은 자연인이었고, 약속의 자녀가 아니었다. 오직 부활 능력의 사람, 이삭만이 약속의 자녀요 하나님을 위한 사람이 되는 것이다. 하지만 이스마엘은 이것을 보지 못했다. 감히 말하건대, 아마도 이스마엘은 자신을 지난 14년 동안 약속의 후사로서 최우선권을 가진 장자로 쭉 생각해왔을 것이다. 아브라함과 아브라함의 하나님은 어째서 그에게 만족하지 못하고 그가 약속의 후사로서 자격이 없다고 생각했을까? 그 이유는 그가 오직 자신만을 생각하는 사람이었기 때문이다. 그는 다른 사람의 필요를 보지 못했다. 그는 새로 온 사람에 의해서 대체되었다. 이는 이삭이 흥하면 이스마엘은 쇠하여야 했기 때문이었다. 만일 이삭이 모든 것의 주인이 되려면, 이스마엘은 아무 것도 가진 것이 없어야 했다. 이것은 참을 수 없는 일이었다. 그는 이삭을 조롱했다! 그의 진짜 성품이 튀어나온 것이었다. 그는 조금도 하나님과 일치되는 생각을 하지 못했다. 이스마엘은 육체를 따라 난 사람의 모형이다. 이삭은 약속과 하나님의 목적을 따라 난 사람, 즉 그리스도의 모형이다.

무엇보다 이 사실을 시대적인 경륜의 방식으로 설명하고자 한다. 하나님은 다양한 환경 속에서 육신 안에 있는 사람을 시험하셨다. 온갖 특혜와 혜택을 지난 4천년 동안 베푸셨지만 조금도 사람에게서 만족을 얻으실 수 없었다. 우리가 성경에서 살펴본 대로, 인류의 전체 역사는 육신 안에 있는 사람은 도덕적으로 파괴된 존재이며, 하나님께 항상 근심과 수치스러운 존재임을 입증하고 있을 따름이다. 4천년 역사의 끝점에서 하나님은 약속된 씨, 하나님의 마음에 합한 유일한 사람, 예수 그리스도, 곧 하나님의 모든 약속과 목적을 성취할 수 있는 유일한 분을 보내주셨다. 그 효과는 무엇이었는가? 이삭의 존재는 이스마엘의 진정한 성품을 표출하게 했다. 유대 땅에는 덕망 있는 사람들이 있었다. 하나님의 말씀을 신탁(the oracles of God)으로 여기고 진중하게 읽는 사람들, 기도하는데 전념하는 사람들, 자신의 성스러움과 종교적 성품을 극대화하는 일에 모든 것을 포기한 사람들이 많이 있었다. 하지만 이 사람들이 결국은 그리스도를 미워하고 거절하고 또 그리스도를 배신하고 살인하는 사람들이 되었다.

    그리스도를 죽이려고 했던 사람들은 세속적인 무뢰배들이 아니라 사실은 높은 수준의 교육을 받고, 종교적인 제사장 계급에 있는 사람들이었다. 그리스도를 미워한 사람은 자신이 옳다고 믿는 대로 최선의 노력을 다하는 성향을 가진 육신 안에 있는 사람이었다. 어째서 그런가? 아마도 예수 그리스도께서 종교적인 사람들 가운데서 "내가 너희에게 이르노니 너희 의가 서기관과 바리새인보다 더 낫지 못하면 결단코 천국에 들어가지 못하리라"(마 5:20)고 말씀하신 순간부터 주님은 죽어 마땅한 자로 정해졌다고 말할 수 있다. 이 사람들이 오랜 동안 인내 가운데서 형성해온 의의 옷을 전혀 무가치한 것으로 단번에 일소해버리는 듯한 말씀이 자신들의 뒤통수를 내리치는 기분이 들게 했던 것이다. 그것은 그들이 해온 기도생활과 종교생활을 아무것도 아닌 것으로 만들고 또 그들의 종교예식과 절기준수를 헐뜯는 것으로 보였다. 그들을 보통 죄인들의 수준으로 강등시키고, 요컨대, 육신 안에 있는 사람, 즉 이스마엘이 나름대로 선하고 종교적인 사람인체 하는 것을 폭로하고, 그가 더 이상 하나님을 위한 사람이 아님을 천명하는 것이었다. 그리스도는 그들의 눈에 자신들의 종교적 열심을 아무것도 아닌 것으로 만들어버린, 용서할 수 없는 죄를 지은 존재였던 것이다. 이것 때문에 그들은 그리스도를 십자가에 못박아버리려는 앙심을 품고 그분을 미워했던 것이다. 이스마엘은 이삭에게 자리를 내주고 싶지 않았다.

현재 시대를 사는 종교적인 사람도 예외는 아니다. 만일 당신이 최선의 노력으로 선을 행하는 사람들과 열정적으로 사람의 숭고성을 역설하는 사람들에게 그 모든 노력은 다 부질없는 일이며, 사람은 조금도 선하지 않고 의롭지 않기에, 하나님은 그리스도 외에는 아무 사람도 혹은 사람의 그 어떠한 행위도 받지 않으시며, 오직 그리스도만을 하나님을 위한 존재로 받으시기에, 그들로 그리스도를 그들의 의로움과 생명으로 영접하라, 그렇지 않으면 영원한 멸망을 받을 것이라고 말해보라. 그리하면 그들은 이스마엘처럼 냉소적으로 조롱할 것이다. 이스마엘은 이삭과 함께 분깃을 나누고픈 마음이 없었다. 어쩌면 이스마엘은 이삭이 자신을 가르치거나 혹은 좋은 본보기로 삼는 것을 반대할 의향이 없었을 수도 있다. 하지만 이삭이 모든 것의 주인이 되어야 하고, 이스마엘은 아무것도 아닌 것이 되어야 하는 것은 참을 수 없는 일이었다.

좀 더 자세히 살펴보자. 이스마엘은 우리와 그리 다르지 않다. 우리가 이스마엘에 대해서 알고, 그를 통해서 교훈을 얻는 일은 우리의 영적인 성장과 기쁨의 삶에 지대한 영향을 미친다. 우리를 넘어뜨리는 가장 큰 올무 가운데 하나는 육신을 통해서 선을 행하려는데 있다. 로마서 7장의 경험을 통해서, 우리는 육신은 근본적으로 나쁜 것이며, 속 사람이 가진 선하고 거룩한 열망을 무너뜨리는 근본적인 원인이라는 것을 배우게 된다. 바로 여기에 이스마엘이 가진 어두운 일면이 있는 것이다. 갈라디아서를 보면 우리는 육신이 가진 상당히 다른 성격을 볼 수 있다. 이스마엘은 새로운 면모를 드러내놓고 매우 선한 사람처럼 행세하고 있다. 그는 카멜레온처럼 새로운 색깔을 내고, 삶의 모습을 변하여 매우 거룩한 사람인양 처신하고 있다. 그는 할례를 받고, 율법을 지키고, 날과 달과 절기를 준수하고, 금식과 기도에 힘쓰면서 매우 모범적인 그리스도인인양 살고자 애쓰고 있다. 그는 사람들로 자신을 무시하지 못하게 하는 일이라면 무엇이든지 하고자 한다. 그는 인정을 받고 또 자신의 신분과 지위를 확보할 수만 있다면, 기꺼이 당신의 가장 겸손한 종이 될 것이다. 그렇다면 분명한 것은 자아는 무언가 자리를 얻고 또 무언가 되고자 끊임없이 추구하는 존재라는 것이다. 이 자아의 문제는 그리스도의 죽음을 통해서만 해소될 수 있다. 이 문제가 해결될 때에야 비로소 그리스도인은 참된 기쁨을 경험하게 된다. 이스마엘은 반드시 쫓아내야만 한다.

자신을 중요한 존재로 생각하는 것(self-importance)이 가장 큰 걸림돌이다. 그것은 그리스도를 내쫓는 길이다. 그리스도에게 속한 것이 우리 영혼 속으로 들어올 때, 우리 자신은 작아진다. 당신 속에 있는 이스마엘을 포기할 준비가 되지 않았다면 영적인 성장이란 없다. 자존심이 강해 독립적인 성향이 가득하며, 자신을 매우 중요한 인물로 생각하는 사람은 이삭을 존중하지 않을 것이다. 그는 설교도 하고 기도도 한다. 특히 자기 생각에 매우 잘 해냈다는 확신이 들면 스스로 매우 만족스러워 할 것이다. 이것이 이스마엘의 실체이다. 그는 하나님을 위해서 한다는 생각이 일절 없다. 그리스도인으로서 그리스도께서 자기 영혼 속에 들어오시고, 그리스도께서 자기 마음에 더욱 확장된다면, 그는 자신이나 자신의 영광은 전혀 생각지 않을 것이며, 자신이 하는 일을 오직 성령의 능력으로 돌리고자 할 것이다. 만일 당신의 중요성을 포기할 준비가 되지 않았다면, 이 세상에서 읽고 듣는 모든 것은 당신의 영적인 삶에 그리 도움이 되지 않을 것이다. 사람들은 자신들이 믿는 기독교를 자신에게 특별한 것으로 만들고자 애쓴다. 이것이 바로 이스마엘이 하는 일이다. 이러한 사람은 하나님을 위하는 사람일 수 없다.

그리스도 외엔 하나님을 위하는 사람이 없다는 것은 나라고 하는 존재는 사라져야 한다는 의미가 된다. 나는 나 자신을 가능한 경건한 사람처럼 보이고 싶고, 굳이 표현하자면 "우리 종교의 가장 엄한 파를 따라 바리새인의 생활을 하였다"(행 26:5)고 말하고 싶을 것이다. 그만큼 진지하고 성실한 신앙생활을 했기 때문일 것이다. 하지만 그럴지라도 이것이 하나님을 위하는 것은 아닐 수 있다. 사망이 아담의 자손으로서 나의 모든 도덕성과 이

성과 육체적 능력에 내려졌다. 육체에 속한 모든 것은 하나님을 위한 일에 아무 것도 기여할 것이 없다. 전혀 다른 사람이 와야 한다! 그래서 이삭이 당신의 집에 와야 하는 것이다! 당신은 어쩌면 '오 하나님 감사합니다. 나는 그리스도를 알고 또 그리스도를 나의 구주로 영접했습니다.' 라고 말할지도 모른다. 하지만 과연 당신은 창세기 21장 8절, "아이가 자라매 젖을 떼고 이삭의 젖을 떼는 날에 아브라함이 대연을 배설하였더라"는 구절처럼 "대연"을 배설한 적이 있는가? 그렇지 않다면 당신은 아직까지 그리스도인의 참된 기쁨을 알지 못하고 있는 것이다. 이삭을 자기 집에 영접했지만 아직 대연(大宴)을 배설하지 못한 신자들이 많이 있다. 아브라함은 명백하게 이스마엘이 아니라 이삭이 상속자임을 선포하는 날을 가졌다. "큰 잔치"는 아브라함의 모든 재산과 권리가 이삭에게 속했음을 선포하는 날이었다. 당신 영혼 속에서도 그러한 잔치를 기념한 날이 있었는가? 하나님에게는 그리스도 외엔 아무것도 없다는 것을 마음의 기쁨으로 받아들인 날이 있었는가? 당신의 자아 속에 있는 최선의 것이 하나님께는 미움이 된다는 것을 깨달은 날이 있었는가? 당신 안에 그리스도께서 사시는 것만이 하나님께 의미가 있다는 사실을 기쁘게 받아들이겠는가? 당신은 육신이 하나님을 전적으로 대적한다는 것을 배웠기 때문에 이제는 육신을 용납하고, 사정을 봐주고, 그 욕망을 채우는 일을 기꺼이 그만 두고자 하는가? 이스마엘을 내쫓겠는가?

이 시점에서 우리는 자아가 신자의 마음에서 제거되는 방법을 설명하는 두 개의 예화를 살펴보아야 한다. 다윗이 블레셋 사람을 죽이고 돌아와서 그의 손에 골리앗의 머리를 들고 사울 앞으로 인도되었을 때, 우리는 성경에서 이렇게 말하는 것을 보게 된다. "다윗이 사울에게 말하기를 마치매 요나단의 마음이 다윗의 마음과 하나가 되어 요나단이 그를 자기 생명 같이 사랑하니라…요나단이 자기가 입었던 겉옷을 벗어 다윗에게 주었고 자기의 군복과 칼과 활과 띠도 그리하였더라."(삼상 18:1,4) 요나단은 모형적으로 볼 때 사망의 권세 아래 있다가, 다윗의 승리를 통해서 자유를 얻었다. 요나단의 마음은 이제 승리자, 다윗의 사랑어린 은혜를 칭송하고픈 여유와 기쁨을 품었다. 다윗은 자신을 전혀 의식하지도 않고 자기 뽐냄도 없이 오직 살아계신 하나님의 영광만을 바라는 것엔 다른 아무 마음도 품지 않고 오로지 전쟁을 승리로 이끌었다. 그러한 다윗에게서 발산된 은혜는 기꺼이 자신을 망각할 수 있는 사람, 요나단의 마음을 얻었다. 다윗의 사랑어린 은혜의 임재 속에서 요나단은 기꺼이 자신에게 속한 모든 것을 벗어 주는 기쁨을 맛보았다. 어쩌면 요나단은 다른 사람이 영예를 얻게 된 것에 분통을 터뜨리고 원한을 품을 수도 있었다. 하지만 그는 그 날 모든 영예를 얻은 사람 다윗에게 자신의 마음의 애정을 다 주어버렸고, 이것은 엄청난 차이를 만들어버렸다. 자연인은 자신보다 탁월한 사람을 미워하는 법이다. 하지만 신자의 경우엔 그런 사람과 하나가 된다. 그리스도는 하나님의 영광과 또한 우리의 해방과 구원을 위해서 자신은 발가벗겨 지셨다. 그러한 것이 그리스도의 은혜이다. 그리스도는 자신을 내어주셨다. 요나단의 모든 마음이 참 다윗과 하나가 되는 것으로 충분하지 않다. 자신은 기꺼이 무시당하는 것을 기쁨으로 여기고 자신의 모든 애정을 다 바칠 정도가 되어야 하지 않을까? 이것이 바로 대연을 배설하고 또 이스마엘을 내쫓는 길이다.

우리는 동일한 내용을 누가복음 7장의 여인에게서 볼 수 있다. 그녀 앞에 있는 분에게서 흘러나온 은혜가 자신을 잊어버리게 했다. 그녀는 그분의 발 곁에 있는 것만으로도 행복했다. 그분의 임재 속에서 자신을 잊어버린 것이다. 그리고 그녀는 누가 자신에 대해서 무슨 말을 하든 무슨 생각을 하든 괘념치 않았다. 이삭이 그녀 마음 중심에 자리를 차지했고 이스마엘은 내쫓김을 당했다. 그리스도의 임재 속에서, 오직 그 가운데서만, 우리는 육신의 무용성을 보게 되고, 자아를 잊을 수 있다. 이것이 바로 성령께서 우리 속에서 참된 거룩을 이루어내시는 방법이다. 즉 우리 마음을 그리스도로 점령당하게 하시고 또 하나님께서 그리스도 안에서만 발견하실 수 있는 신적인 만족을 우리 영혼도 함께 공감(共感)하도록 하신다.

다른 무엇보다 우리가 주목해야 할 장면이 있는데 그것은 이스마엘의 무가치함과 이삭의 우월한 탁월성이 함께 나타나고 있는 장면이다. 이것은 바울의 말 속에도 나타나 있다. "그리스도의 사랑이 우리를 강권하시는도다 우리가 생각하건대 한 사람이 모든 사람을 대신하여 죽었은즉 모든 사람이 죽은 것이라 그가 모든 사람을 대신하여 죽으심은 살아 있는 자들로 하여금 다시는 그들 자신을 위하여 살지 않고 오직 그들을 대신하여 죽었다가 다시 살아나신 이를 위하여 살게 하려 함이라"(고후 5:14,15) 여기서 우리는 사망의 심판이, 사람이 가진 모든 능력과 (신체적·정신적) 기능에도 임한 사실을 분명히 볼 수 있다. 물론 사망의 심판은 사람 자체에도 임했다. "모든 사람이 죽은 것이라"는 말은 갈보리에서 사람에게 임한 하나님의 엄숙한 심판을 가리킨다. 갈보리 십자가에는 거룩한 심판 뿐만 아니라 경이로운 사랑도 나타났다! 이 사실이 우리 마음을 얼마나 감동시켜 주는가! 그리스도께서는 나를 위해 죽으셨다. 나는 누구인가? 나는 하나님의 심판 아래 있는 무가치한 죄인이다. 교만하고 자기 의로 가득하고 그저 자존심으로 똘똘 뭉친 죄인일 뿐이다. 여기엔 사랑할 만한 것이 없다. 이것은 말로 다 설명할 수 없을 정도이다. 설명하기가 무척 어렵다. 이 장면을 볼 때, 나는 하나님을 위해서 나 자신의 부적합함과 무가치함을 배우지만, 그럼에도 거기서 나의 마음을 사로잡는 사랑을 발견한다. 그 사랑의 임재 속에서 나는 아무것도 아닌 존재가 되지만, 그럼에도 내가 아무것도 아닌 것을 기뻐하게 된다. 이제야 이스마엘은 나의 마음에서 제거되고, 이삭이 내 마음의 중심을 차지하게 된다.

바울은 "내가 그리스도와 함께 십자가에 못 박혔나니 그런즉 이제는 내가 사는 것이 아니요 오직 내 안에 그리스도께서 사시는 것이라 이제 내가 육체 가운데 사는 것은 나를 사랑하사 나를 위하여 자기 자신을 버리신 하나님의 아들을 믿는 믿음 안에서 사는 것이라"(갈 2:20)고 말할 수 있었다. 율법의 계명을 지키고 율법의 예식을 지키는 것은 다른 사람들에게 걸림돌이 될 수 있다. 율법에 속한 것들을 강조하는 것은 이스마엘을 붙잡고자 하는 것이다. 하지만 바울 생애의 중심 목표는 한 인격에 충성하는 것이었다. 바울을 향한 그분의 사랑이 그분을 사망의 길로 가게 했다. 그분은 바로 하나님의 아들이시다. 그렇다면 우리 애정의 대상이 되는 분을 마음에서 추방하고, 대신 모든 율법적이고 자기 의를 세우고자 하는 동기를 마음에 품을 수 있는가? 어떻게 "약하고 천한" 것을 성령님의 감동을 받아 전한 말씀에 비견할 수 있단 말인가! 만일 우리가 우리를 사랑하신 그리스도라는 한 인격에게 충성하게 된다면, 우리는 그리스도의 은혜와 아름다움과 그리스도의 완전하심에 매혹을 당하게 될 것이며, 그때 비로소 그리스도께서 우리의 생명이시며, 그리스도께서 성령을 통해서 우리 안에 거하시는 것을 아는 큰 기쁨을 맛보게 될 것이다. 우리가 성령을 통해서 이러한 것을 경험적으로 알게 될 때, 이스마엘은 축출된다. 그렇다면 우리는 "그리스도 예수로 자랑하고 육체를 신뢰하지"(빌 3:3) 않게 된다.

성경은 "그리스도 예수의 사람들은 육체와 함께 그 정욕과 탐심을 십자가에 못 박았느니라"(갈 5:24)고 말한다. 하나님은 십자가에서 육신을 심판하셨고, 우리에게 성령님을 주셨다. 이는 우리로 그 사실에 대해서 성령님과 일치된 마음을 가지게 하려는 것이다. 그렇다면 독자들이여, 육신을 모든 측면에서 심판을 받은 것으로 생각하고 육신과의 모든 관계를 청산하는 은혜를 받기를 바란다! 육신 속에 방종과 세상적인 정욕이 숨어 있다. 하지만 겉으로 보이는 육신의 모습은 다를 수 있다. 육신은 경건하고, 대단하고, 또 정통적인 신앙의 모습을 띨 수도 있다. 겸손하고, 진지하고, 헌신되고, 지적이고, 사심이 없는 성품을 갖추는 데 열심을 보이기도 한다. 이스마엘 속에 내재되어 있는 성품의 모든 면면들은 사실상 심판 아래 두어야만 한다!

만일 이스마엘을 내쫓지 않으면 어찌 되는 것일까? 그렇다면 이삭이 내어쫓기게 되고, 이삭은 자신의 자리를 잃게 될 것이다. 그리스도께서 우리 애정의 자리에서 쫓겨나게 되면, 어떤 형태로든 육신이 우리 안에 발을 들여놓게 된다. 성령을 좇아 행하는 것과 육신을 좇아 행하는 것 사이에 중립은 없다. 만일 내가 성령을 좇아 행하고 있다면, 나는 그리스도를 내 앞에 모시는 삶을 살게 된다. 나는 아들로서 사랑을 받는 자이며 양자됨의 자유를 누리게 된다. 나의 갈망과 내 마음의 동기는 하나님께 합당하게 행하는 자가 되는 것이다. 그리하면 성령의 열매가 나에게서 절로 맺히게 될 것이다. 하지만 은혜에서 떠나 성령의 흐름을 막게 되면, 혹은 더 이상 그리스도를 의지하지 않으면, (그리스도께 무관심으로 일관하게 되면) 나는 이스마엘에게 문을 활짝 열어주는 셈이 된다. 그렇다면 나는 그리스도나 혹은 성령에 의해서 지배를 받는 것이 아니라, 나 자신도 감당하지 못하는 각종 규칙과 의무에 속박 당하게 될 것이다. 성령님에 의해서 우리 마음을 그리스도를 향한 사랑과 그 능력으로 충만하게 채울 때만이 이스마엘이 우리 마음을 다시 침입하지 못하도록 막을 수 있다.

이제 앞서 언급했던 세 번째 장면으로 가보자. 그리하면 우리는

심판 아래 있는 세상에

대한 그림을 볼 수 있을 것이다.

"여호와의 앞에 섰던" 산 정상에서 아브라함은 "소돔과 고모라와 그 온 들을 향하여 눈을 들어 연기가 옹기점 연기같이 치밀음을 보았다.]"(창 19:27,28) 소돔과 고모라는 세상에 대한 모형이다. 믿음의 사람, 아브라함은 세상이 하나님의 심판 아래 있는 것을 보았다. 만일 우리가 세상이 심판 아래 있다는 엄연한 사실을 확실히 보지 못했다면 그리스도를 세상에 증거하는 일을 제

대로 할 수 없을 것이다.

우리를 둘러싼 세상은 대단히 흥미롭고도 매력적인 것이 사실이다. 당신의 취향이 고상하던 그렇지 않던, 육감적이건 교양이 넘치건, 세상에는 당신의 감각을 충족시킬만한 무언가가 있기 마련이다. 허영의 시장은 끊임없이 다양한 것들을 내놓는다. 당신은 어쩌면 기계, 상업, 학문, 정치, 사회, 과학, 예술 혹은 종교 분야에서 나름대로 자기 만족과 자기 과시를 뽐낼만한 사람일 수 있다. 하지만 마귀는 세상 전체 시스템의 꼭대기에 서있다. 그래서 "아버지께로 좇아온 것이 아니요 세상으로 좇아온"(요일 2:16) 모든 것들을 조정하는 보이지 않는 조정자와 경영자로 군림하고 있다. 세상은 사람으로 하여금 하나님과 거리를 둔 채 살고 움직이게 하는, 하나님 없는 세계관을 가진 영역이다.

물론 하나님은 세상을 단순히 물질적인 영역으로만 보지 않고, 도덕적인 영역으로 보신다. 세상은 정욕, 자기 만족과 헛됨으로 이루어져 있다. "세상에 있는 모든 것"은 (1) 육신의 정욕, (2) 안목의 정욕, (3) 이생의 자랑으로 되어 있다(요일 2:16). 하나님의 아들께서 들어갈 자리가 없다. 그래서 하나님의 아들께서 거부를 당하신 것이며, 그 결과 "이제 이 세상의 심판이 이르[게]"(요 12:31) 된 것이다.

성경은 하나님의 심판이 이 세상에 곧 닥칠 것으로 확증하고 있다. 요한계시록은 "반드시 속히 될 일을"(계 1:1) 우리에게 소개해준다. 그 일들은 과연 공상 혹은 허구에 불과한 것인가? 그렇지 않다. 그 모든 일들은 절대적인 사실이며 실제이다! 그 때 하나님의 심판 아래 들어갈 모든 것들이 지금은 도덕적인 시험을 통과하고 있다. 이것은 참으로 두려운 일이 아닌가? 우리는 하나님의 불이 세상을 영원히 멸망시키기 위해서 강타하는 그 날에 세상과 연결되어 있어서는 안된다. 그렇다면 오늘 당신은 어떠한가? 과연 미래의 세상은 (도덕적으로) 지금보다 더 나을 것 같은가?

　성령님은 "세상을 사랑하지 말라"(요일 2:15)고 말씀하신다. 세상을 사랑하는 방향으로 마음이 흐를 때 조심하라. 여호수아 7장에서 아간은 바벨론의 옷과 은과 금덩이를 탐내어 자신의 장막에 숨겨 두었다. 영적 퇴보는 그렇게 시작된다. 세상에 있는 것들을 은밀하게 마음에 품는다. 우리 마음은 다른 사람들에겐 알리고 싶지 않은 무언가를 탐닉하기 시작한다. 이런 상황을 상상해보자. 어느 신자가 보던 책을 은근히 숨긴다. 다른 경건한 그리스도인이 묻는다. '거기 무슨 비밀이 있나요?'

　전도하고 설교하는 것만이 그리스도인의 증거라고 생각지 말라. 세상으로부터 분리되는 것이 그리스도인의 증거에 핵심이다. 우리가 굳이 세상적인 것으로 정의한 어떤 것들에서 외적으로 분리하는 모양새를 취한다고 해서 세상으로부터 분리되는 것이 아니라, 오히려 하늘 아버지와 성령님께 속한 것들에 우리의 애정을 두고, 세상을 허용하고자 하는 마음 혹은 세상에서 통용되는 것들을 우리 마음에 둘 자리를 허용하지 않는 것이 세상으로부터 분리되는 것이다. 만일 내가 세상 사람들과 똑같은 동기와 갈망으로 내 마음을 채색하고 또 거기에 좌우되고 있다면 나는 소돔 땅에 있었던 롯과 같이 경건한 신앙인의 증거력을 잃어버릴 것이다. 만일 우리가 그리스도와 더불어 대연을 베풀고 또 그리스도께서 우리 마음을 주장하도록 하고 있다면 우리 마음은 바울의 신령한 언어로 충만하게 될 것이다.

"내게는 우리 주 예수 그리스도의 십자가 외에 결코 자랑할 것이 없으니 그리스도로 말미암아 세상이 나를 대하여 십자가에 못 박히고 내가 또한 세상을 대하여 그러하니라." (갈 6:14)

세 가지 심판의 장면 속에 감추어진 진리들이 우리 영혼 속에 제자리를 잡게 됨으로써, 우리 각 사람이 다른 그 무엇에 의해서도 방해를 받지 않는 평강과 기쁨을 누리게 해주시길 빌며, 이로써 세상이 거절하신 분에 대한 증거를 가지고 당당히 세상을 향해 나아갈 수 있는 우리 모두가 되게 해주시길 바란다!

제 3장 아담인가 그리스도인가

롬 5장, 롬 8장

우리 주님을 더 알고 싶고, 이 세상에서 주님께 더욱 헌신하고 싶어 하는 젊은 신자들을 보는 것만큼 즐거운 일이 없다. 이번 장에서는 이러한 신자들에게 영적인 도움이 될 만한 주제를 다루고자 한다.

이제 독자들 앞에 단순하면서도 가장 중요한 사실, 즉 성경 전체는 두 사람, 아담과 그리스도의 이야기를 담고 있다는 것을 제시하고 싶다. 가능한 간략하게나마 하나님께서는 아담은 제쳐놓으시고 그리스도를 높이신 사실을 다양한 방법으로 제시하고자 한다.

아담이 범죄한 순간, 아담을 향한 하나님의 만족은 끝났다. 무죄상태 대신, 모든 악한 범죄의 씨앗이 아담의 마음에 뿌려졌고, 그는 하나님 심판의 대상이 되었다. 죄의 완전한 열매가 아담에게서 나타난 것은 아니었다. 죄는 인류 전체의 역사를 통해서 발전하고 꽃을 피울 것이다. 그럼에도 아담의 자손들에게서 흘러나올 죄의 모든 조각들은 아담이 죄인이 되자마자 그 속에 잠재되어 있었다. 타락한 사람으로서 아담이 가지고 있는 진정한 특징을 소개하고 있는 네 개의 성경본문을 직접 읽어보기를 바란다. 창세기 6장 5,6절, 시편 14장 2,3절, 마가복음 7장 20-23절, 사도행전 7장 51,52절이다.

이 성경 구절들은 네 개의 시기 동안 아담의 자손들에 대한 하나님의 평가를 우리에게 보여준다. 아주 태고시절부터 사람이 자신의 인생행로를 선택했을 때, 인간 마음이 상상하는 모든 생각들은 다만 악할 뿐이었다. 다윗의 시대에도 하나님의 통치를 통해서 죄를 억제하고 선을 행하도록 권장했지만, 하나님을 찾거나 선을 행하는 사람은 아무도 없었다. 하나님의 사랑하시는 아드님께서 하나님의 모든 은혜를 드러내고자 오셨을 때에도, 그분은 사람의 마음이 항상 악할 뿐더러, 아담과 같이 악을 꽃피우는 원산지임을 보셨다. 어두운 죄의 역사는 의로우신 분을 배반하고 살인하는 것으로 절정을 이루었고, 그 후 계속해서 성령을 거슬러 행했다. 이 얼마나 안타까운 역사인가! 독자와 나의 마음 속 깊은 곳에 자리 잡고 있는 죄의 모든 조각은 한 사람, 아담의 재현이다. 이것은 세 음절로 이루어진 하나의 단어로 집약될 수 있다. 바로 죄(SIN)이다.

이 사실 때문에 하나님은 우리에게서 만족을 얻으실 수 없었고, 게다가 복을 주실 수도 없으셨다. 사람의 모든 동기와 행동은 다만 죄의 여러 가지 행태에 불과한 것이다. 하나님에게서 복을 받으려면 다른 사람에게서, 다른 사람을 통해서 올 수 밖에 없다. 이제 비로소 독자들은 아담은 제쳐 지고,

구약성경에서 예고된 예언을 따라

왜 그리스도께서 오셔야만 하는지를 분명히 보아야 한다.

두 세 개의 성경구절은 우리가 다루고 있는 주제를 보다 선명하게 드러내줄 것이다. 창세기 3장 15절, 갈라디아서 3장 16절, 그리고 이사야 11장 1절과 49장 6절이다.

"내가 너로 여자와 원수가 되게 하고 네 후손도 여자의 후손과 원수가 되게 하리니 여자의 후손은 네 머리를 상하게 할 것이요 너는 그의 발꿈치를 상하게 할 것이니라 하시고"(창 3:15)
"이 약속들은 아브라함과 그 자손에게 말씀하신 것인데 여럿을 가리켜 그 자손들이라 하지 아니하시고 오직 한 사람을 가리켜 네 자손이라 하셨으니 곧 그리스도라"(갈 3:16)
"이새의 줄기에서 한 싹이 나며 그 뿌리에서 한 가지가 나서 결실할 것이요"(사 11:1)
"그가 이르시되 네가 나의 종이 되어 야곱의 지파들을 일으키며 이스라엘 중에 보전된 자를 돌아오게 할 것은 매우 쉬운 일이라 내가 또 너를 이방의 빛으로 삼아 나의 구원을 베풀어서 땅 끝까지 이르게 하리라"(사 49:6)

하나님이 우리에게 주시는 모든 복은 창세기 3장 15절에서 약속하신 장차 오실 여자의 후손과 연결되어 있다는 사실은 매우 흥미롭다. 이 여자의 후손은 뱀의 머리를 상하게 하실 분이시다. 모든 민족을 복 주시는 분은 아브라함의 자손이시다. 이새의 줄기에서 나오는 통치자이시며, 그 뿌리에서 나오는 가지이신 분만이 천년왕국에 공의와 평화를 가져오실 것이다. 그분만이 이방인들에게 빛을 비추시며, 하나님의 구원을 땅 끝까지 증거하실 것이다. 구약성경 전체를 통해서 우리는, 이스라엘을 위한 것이건 이방인들을 위한 것이건, 모든 복은 장차 오실 메시야를 통해서 주어질 것임을 볼 수 있다. 복은 아담 혹은 아담의 후손 안에 있거나 아담 혹은 아담의 후손을 통해서 오는 것이 아니라 오직 그리스도 안에 있으며 또한 그리스도를 통해서 오는 것이다.

이제 신약성경으로 가보면, 우리는 오래전에 약속된 분이 이 세상에 오셨으며, "사람의 후손들"과는 달리 하나님의 마음을 완벽하게 만족시켜드린 것을 볼 수 있다. 그렇다면 우리는

세상에 오신 그리스도에 의해서 역사적으로

아담을 대체했다고 말할 수 있다.

우리가 이전에 살펴본 아담의 자녀들의 상태를 설명하고 있는 네 개의 성경 구절은 다음과 같이 참으로 경이로운 말씀과는 너무도 대조적인 것을 상기시키고 싶다. "너는 내 사랑하는 아들이라 내가 너를 기뻐하노라 하시니라."(눅 3:22) 하나님은 아담이나 혹 그 후손에게서 한 톨 만큼의 선이라도 찾는 일에 실패했지만, 이제 하나님의 마음에 기뻐하시는 아드님에게서는 무한한 만족을 얻으실 수 있었다. 이것은 하나님께 얼마나 기쁨의 순간이었겠는가! 절망스러운 상태에 빠진 죄악된 인간에게서 비길 데 없이 탁월한 대상에게로 하나님이 눈을 돌리신 일은 진정 얼마나 다행스러운 일인가! 세상의 실제적인 역사를 보면, 하나님

의 마음에 기쁨을 주는 한 사람이 있었다. 그는 우리와 같은 혈육에 함께 속하셨고, 우리가 처한 환경과 책임에 동참하셨다. 이것은 하나님의 마음에 절대적으로 합한 대상으로서, 우리와 동일한 환경과 동일한 책임에 동참하기 위한 것이었다. 이제 하늘이 열리고 하늘로부터 "내 사랑하는 아들"로 부를 만큼 아버지의 사랑의 대상이 되신 한 분이 계셨다. 그는 아담과 또 우리 자신과는 대조적인 분이셨다. 게다가 한 쪽은 하나님의 기쁨의 대상이고, 다른 쪽은 하나님의 심판의 대상이다.

이제 서로 대조적인 두 가지 그림을 제시해보겠다.

1. 그들의 눈 앞에 하나님을 두려워함이 없느니라	1. 심령이 가난한 자는 복이 있나니
2. 그 입술에는 독사의 독이 있고	2. 애통하는 자는 복이 있나니
3. 그 입에는 저주와 악독이 가득하고	3. 온유한 자는 복이 있나니
4. 의인은 없나니 하나도 없으며 깨닫는 자도 없고 하나님을 찾는 자도 없고	4. 의에 주리고 목마른 자는 복이 있나니
5. 그 발은 피 흘리는데 빠른지라	5. 긍휼히 여기는 자는 복이 있나니
6. 그들의 목구멍은 열린 무덤이요	6. 마음이 청결한 자는 복이 있나니
7. 파멸과 고생이 그 길에 있어 평강의 길을 알지 못하였고	7. 화평케 하는 자는 복이 있나니
로마서 3장	마태복음 5장

이 그림 가운데 하나는 아담에 대한 묘사이다. 다른 말로 하자면, 바로 당신에 대한 그림인 것이다. 다른 하나는 그리스도에 대한 묘사이다. 어둡고 추한 그림과 아름답고 천상적인 그림을 비교해보고, 어떤 그림이 좋은지 말해보라! 독자는 기꺼이 "주님, 당신은 진정 사람의 자손들보다 더 아름다우십니다!"라고 말할 용의가 있는가? 그 말은 '저는 저 자신보다 그리스도가 더 좋습니다.'라고 말하는 셈이다. 바로 이 지점에 이르렀다면, 당신은 우리 영혼의 역사 가운데 엄청나게 중요한 분기점에 이른 것이며, 너무도 엄청난 일이 여기에 달려 있다. 더 진행하기 전에, 이 주제가 가지고 있는 중요성에 대해서 몇 마디 하고자 한다.

하나님에게 속한 일을 볼 수 있으려면 또는 그 속에 들어가려면 우선적으로 거듭나야 한다. 아담의 자손으로 태어난 사람은 결단코 하나님의 생각을 알 수 있는 능력이 없다. 만일 하나님과 소통이 이루어지려면, 거기엔 반드시 새로운 도덕적 요소가 사람 속에 존재해야 한다. 그러기 위해서 아담의 자손은

거듭남에 의해서 도덕적으로 새로운 존재가

되어야 한다.

이제 거듭남의 절대적인 필요성에 대해서 살펴보자. 사실 요

한복음 3장 3-6절은 이 사실을 절대적으로 지지하고 있다. 진정 성경을 믿는 사람이라면 조금도 주저 없이 이에 동의할 것이다. 그렇다면 독자는 어째서 새로운 출생(거듭남)이 그처럼 절대적으로 필요한 것인가를 생각해본 일이 있는가? 간단한 예화를 통해서 이 질문에 답해보고자 한다. 예를 들어서, 건물을 새로이 건축하는 현장에 가서 이런 건물을 지으려면 얼마나 비용이 드는지 물어본다고 해보자. 건축업자는 "그리 많이 들지 않습니다. 왜냐하면 남이 쓰다 버린 폐자재를 가져다 쓰거든요."라고 대답한다. 이런 일은 사실 하나님이 결코 하실 수 없는 일이다. 거듭남은 새로운 출생이기에, 완전히 새로운 재료로 새롭게 시작되어야만 한다. 아담 뿐만 아니라 그의 자손은 하나님의 법을 어겼고, 하나님의 은혜를 무시했다. 하나님의 사랑은 그의 마음에 와 닿지 않고, 하나님의 빛은 그 양심에 작동하지 않았으며, 다만 에덴동산에 있는 나무들 뒤에 숨을 뿐이었다. 요한복음 8장에서처럼 양심의 가책을 느껴 하나님을 피할 뿐이었다. 사람 속에 하나님을 위한 무언가가 일어나고 또 하나님에게 속한 무언가를 감지할 수 있는 능력이 있으려면, 무엇보다 먼저 거듭나는 일이 선행되어야 한다. 사람 속에 새로운 도덕적 요소가 생성되려면 하나님의 말씀과 하나님의 영에 의한 하나님의 효력 있는 역사가 일어나야 하며, 그 결과로 사람은 자신에 대한 하나님의 생각을 받아들이기 시작한다. 하나님은 이러한 거듭남의 역사를 일으키는데 옛 재료를 거절하시고 완전히 새로운 재료를 사용하신다. 그렇다면 참으로 거듭난 사람은 옛 재료의 본질적인 성격, 즉 자신이 아담의 자손이며, 하나님을 전혀 만족시켜 드릴 수 없는 죄덩어리인 육신에 속한 사람인 것을 배우기 시작한다. 독자는 이 사실을 욥이나 다소의 사울에게서 확인할 수 있다. 그들 가운데 욥이라는 사람은 "내 자신을 한탄스럽게 생각하며"(욥 42:6)라고 말했고, 사울이라는 사람은 "내 속 곧 내 육신에 선한 것이 거하지 아니하는 줄을 아노니"(롬 7:18)라고 말했다. 이러한 고백의 말은 그가 거듭난 사람이라는 표식이다. 거듭난 사람은 자기 속에 거듭남을 통해서 새롭게 형성된 "속 사람"이 있음을 인식하게 되며, 모든 일을 살펴 새로운 본성과는 대조되는 것을 죄로 분별하는 능력이 생긴다. 이 자체로는 행복한 경험이 아닐 수 있다. 나름 도덕적이고 종교적인 생활을 착실하게 해 온 사람들, 그래서 자기 본위적이고 자기 만족적인 삶을 살아온 사람들에게, 자기 속에 선한 것이 조금도 없다는 것을 깨우치는 것은 결코 기분 좋은 일이 아니다. 어떤 사람들은 섬광 같은 신적인 빛을 통해서 이 사실을 깨닫기도 하고 또 어떤 사람들은 오랜 세월 고군분투하면서 자신에 대해 철저히 절망하는 지경에 이르러서야 이 사실을 배우기도 한다. 어쨌든 그가 진정 거듭난 사람이라면 조만간 이 사실을 배우게 될 것이다.

이 일은 비록 기분 좋은 일은 아닐지라도 반드시 필요한 일이다. 그렇다면 우리는 "오호라 나는 곤고한 사람이로다"(롬 7:24)

라고 부르짖게 된다. 이 상태에 이르러야만 우리 자신을 포기하게 되고, 오로지 그리스도를 통해서 그리고 그리스도 안에서 예비된 모든 은혜가 우리에게 이르게 되는 기쁨을 맛볼 수 있다. 어떤 사람들의 경우에는, 자신에 대한 실망과 절망이 너무도 큰 나머지, 진창에 빠진 채로 그대로 멈추어 버린 사람도 있다. 만일 당신이 자신의 나쁜 점 때문에 수년간을 괴로워하고만 있다면 무언가 잘못된 것이다. 하나님은 자신을 판단해보도록 인도하시지만 거기에 오랜 동안 머물러있는 것을 바라지 않으신다. 하나님께서 오늘 당장에라도 당신을 그 진창에서 꺼내주시길 간구한다. 하나님은 당신이 부활하여 영화롭게 되신, 사람이신 그리스도의 호의와 용납하심 가운데 있다는 사실을 알고 기뻐하기를 바라신다. 하나님은 이보다 못한 것을 주지 않으시며, 더 이상 바랄 것이 없는 것을 주고 싶어 하신다. 하나님은 당신 자신에게서는 돌아서고 하나님을 향하는 믿음과 영적 정서를 주고 싶어 하신다. 즉 아담에게서는 돌아서고 그리스도만을 바라보도록 하신다. 당신 자신에 대해서 혐오감을 느끼고 있다면, 자신은 포기하고 그리스도께서 당신의 모든 것 되시는 새로운 단계에 들어선 것이다. 이 사실을 알게 될 때, 당신 영혼 속에는 잔잔히 기쁨이 밀려올 것이다. 그렇다면 당신은 하나님께 온전히 열납되신 그리스도의 모든 것을 누리는 자리에 들어온 것이다. 이것이 당신에게도 실제화 되려면, 십자가의 사역을 알 필요가 있다. 당신은 첫째 사람 아담이

그리스도의 죽음을 통해서 사법적으로 처리되었다는

사실을 알고 믿어야 한다.

만일 하나님께서 당신의 손에 그분의 등불을 들고 아담의 자손으로서 당신의 속을, 어두운 내면세계를 살피도록 하시고, 그래서 오직 죄밖에는 없다는 것을 발견하게 하신다면, 당신이 그 모든 죄 문제가 완벽하게 처리됨으로써 하나님께서 온전히 만족하셨다는 것을 알기까지는 영혼의 쉼을 누릴 수 없을 것이다. 그리스도의 십자가는 바로, 하나님이 당신이 필요로 하는 모든 것을 자신의 영광을 위해서 어떻게 예비하셨는가를 보여준다. 하나님은 아담의 자손으로서 당신이 처해있는 죄악된 상태, 곧 당신의 육신성을 간과하거나 무시하실 수 없으셨다. 그래서 하나님은 자신 앞에 그 문제를 가져오셨고, 그리스도를 통해서 그 모든 정죄를 대신 받게 하셨으며, 하나님의 목전에서 그 문제를 사법적으로 영원히 해결하셨다. 아담과 그의 자손들의 총체적인 특징은 다음 세 구절로 압축된다. 바로 죄(S.I.N.)다. 죄를 알지도 못하신 분이 십자가로 가셨고, 우리를 위해서 죄가 되셨다. 그래서 성경은 이렇게 말한다. "하나님이 죄를 알지도 못하신 자로 우리를 대신하여 죄를 삼으신 것은 우리로 하여금 저의 안에서 하나님의 의가 되게 하려 하심이니라."(고후 5:21) 하나님의 거룩하신 아드님께서 십자가에서 죄 때문에 정죄를 받으신 것은

(롬 8:3), 바로 우리 속에 있는 죄(the sin)를 하나님 앞에서 담당하기 위함이었다. 왜냐하면 그리스도는 우리의 대표이시기 때문이다. 참으로 크신 하나님의 사랑으로 그 자리에 들어가신 주님은 죄가 초래한 모든 결과를 홀로 감당하셨다. 죄에게 내려진 그 끔찍스러운 심판이 집행되는 데에는 조금의 자비도 없었다. 심판이 홍수처럼 주님을 삼켰고, 그 물결과 파도에 엄몰되었다. 우리가 아는 대로, 주님은 깊은 물속에 잠겼고, 사망의 밑바닥까지 내려가셨다. 이제 당신은 "그것은 하나님 앞에서 제가 받아야할 형벌이었습니다."라고 말하고 싶을 것이다. 타락한 아담의 자손으로서 당신은 결코 무죄상태로 회복되거나 하나님께 다시 의로운 상태로 돌아갈 수 없다. 하나님의 공의는 당신에게 정죄의 선언 밖에는 내릴 것이 없다. 만일 그러한 정죄가 당신 자신에게 내려진다면, 당신은 영원히 잃어버린 존재가 될 것이다. 하지만 하나님께 감사하자! 그 정죄는 십자가에서 당신의 자리를 대신하신 그리스도를 통해서 처리되었으며, 게다가 이미 당신에게 내려진 것으로 처리되었다. 그리스도께서 십자가에 달리셨을 때, 하나님은 십자가에 달린 당신을 보셨다. 그리스도께서 죽으시고 또 장사되었을 때, 아담의 자손으로 당신은 하나님의 눈에서 영원히 사법적으로 사라졌다. 하나님은 당신이 이 사실을 알기를 바라신다. 즉 "우리가 알거니와 우리 옛 사람이 예수와 함께 십자가에 못 박힌 것은 죄의 몸이 멸하여 다시는 우리가 죄에게 종 노릇 하지 아니하려"(롬 6:6)는 것이다. 이것도 복음의 일

부를 차지하고 있다.

신자가 자신을 죄에 대하여는 죽은 자요 그리스도 예수 안에서 하나님에 대하여는 산 자로 여길 수 있는 것은 이처럼 위대한 법적인 사실에 근거했기 때문이며, 신자는 성령에 의해서 이 사실을 알고 믿을 때 해방을 경험하게 된다. 그렇다면 우리는 이렇게 말할 수 있다. 즉,

신자가 영적 해방을 알게 될 때 경험적으로

아담은 끝나고 그리스도로 대치된다.

자신을 개선시키려는 노력은 모두 여기서 끝나게 된다. 성공하고자 애썼던 그 모든 노력 때문에 끊임없이 번민하며 느껴야 했던 그 비참했던 기분도 여기서 끝나게 된다. 이는 옛 사람 아담에게서 해방된 기쁨과 그리스도 예수 안에 있는 생명의 자유를 만끽하고 있기 때문이다. 이처럼 우리 옛 사람이 경험적으로 제거되는 것은 이미 언급한 법적으로 제거되는 것과 대응 관계 속에 있다. 바울이 "내가 그리스도와 함께 십자가에 못 박혔나니 그런즉 이제는 내가 산 것이 아니요 오직 내 안에 그리스도께서 사신 것이라"(갈 2:20)고 말했을 때, 그는 자기 영혼 속에 실제로 이루어진 경험을 표현하고 있다. 그리스도와 자신이 하나가 된

것이다. "내가 산 것이 아니요 오직 그리스도께서 사신 것이라"가 이루어진 것이다. 바울은 십자가를 통해서 하나님 앞에서 자신이 법적으로 처리되었고 또한 자신에게 완전한 해방이 이루어졌다는 것을 믿었을 뿐만 아니라, 더 이상 자신을 개선하고자 하는 생각이 일절 없어지게 되었다. 이것은 당신이 여기에 도달하는데 치러야 하는 매우 중요한 시험이다. 당신은 어쩌면 영적 해방이라는 교리를 알고 좋아하는 단계에 이르렀지만, 여전히 당신 자신을 교정하고 개선하고자 남몰래 노력하는 것을 그치지 않고, 자신의 시도가 번번히 실패하고 있기 때문에 실망과 고뇌를 겪고 있을 수도 있다. 나 자신도 이런 식으로 오랫동안 힘든 나날을 보내야 했다. 더 거룩하고 또 더 그리스도처럼 되고자 기도하고 노력했지만 그 결과는 항상 실망과 낙심 뿐이었다. 하지만 지금 나는 하나님이 제거해버린 사람을 개선시키고자 노력했던 날들이 앞으로 계속될 것으로 보지 않는다. 내가 나 자신에 대해서 전적으로 실망하고 또 그 완전한 절망 상태에서 모든 것을 포기하는 상태에 이르렀을 때, 비로소 하나님은 나에게 하나님이 오직 정죄할 뿐인 옛 재료를 가지고 어떻게 해 보려고 애를 쓰고 있는 내 모습을 보게 하셨고, 나 자신에 대한 역겨움과 절망이 하나님의 은혜를 불러오는 계기가 되는 것을 알게 하셨다. 나 자신에 대한 절망의 바닥에서 오히려 내가 하나님과 온전히 하나될 수 있는 길을 발견했을 때 내가 느꼈던 기쁨은 결코 잊을 수가 없다. 하나님은 내 속에서 무슨 선한 것이 있는지 찾는 것을 포기하셨고, 오직 하나님의 마음에 합할뿐더러 또 그 마음에 무한히 기뻐하시는 한 분, 그리스도를 자기 앞에 두셨다. 내가 아무것도 아닌 것을 깨달을 때, 내 속에서 선한 것을 찾기를 중단하고 다만 그리스도 안에 있는 자로서 누리는 기쁨을 만끽하며, 기꺼이 나 자신의 삶의 모본으로서 그리스도를 모시게 되었다. 그렇다면 이제 살아가면서, "내가 산 것이 아니요 오직 내 안에 그리스도께서 사신 것이라"는 구절이 무엇인지를 실제적으로 경험하는 복 속으로 조금씩 깊이 들어가게 된다.

우리 자신의 투쟁과 노력은 결코 신령한 복을 보장해주지 못할뿐더러, 오히려 절망과 완전한 자기 혐오 상태로 떨어지게 한다. 하나님은 이것을 우리 영혼 속에서 경험하도록 이렇게 정하셨다. 마음 혹은 양심에 아무 작용도 없이 그저 머리로만 진리를 받아들이고 영적인 빛을 보는 것보다는 차라리 율법적이나마 하나님의 뜻에 순종하고자 정직히 행하는 영혼을 보는 것이 더 낫다. 하나님은 우리에게 그 필요성이나 혹은 그 가치를 느끼도록 하지 않으시고, 또 그것을 받을 준비를 시키지도 않으신 채 무언가를 그냥 주시는 법이 없으시다. 따라서 "저가 사모하는 영혼을 만족케 하시며 주린 영혼에게 좋은 것으로 채워주심이로다"(시 107:9)는 말씀은 변함없는 영적인 원리이다.

오늘날 풍성한 말씀 사역의 결과로 우리는 너무도 훌륭한 가르침과 신령한 설교를 쉽게 접하는 시대에 살고 있다. 그래서 그런지 우리는 진리를 몸소 체득하는 경험이 전무한 시대에 살고 있는지 모른다. 하지만 우리가 기억해야 할 중요한 사실은, 우리는 우리 영혼이 주리고 목말라 하는 것만을 하나님에게서 받을 수 있다는 것이다. 영혼의 진통은 기도를 통해서 표현될 수밖에 없으며, 그 결과는 실로 엄청나면서도 풍성한 복으로 갚음을 받을 것이다. 당신이 진정 그리스도 예수 안에 있는 생명의 자유 속으로 들어가기까지 결코 안심하지 말라. 이것은 당신으로 하여금 의식적으로 영적 해방을 누리고, 영적 자유를 만끽하는 것이며, 성령님이 당신 속에 거처를 정하심으로 성령의 내주가 시작되는 것이다. 이제 성령님은 이 모든 복들을 당신에게 이루엇게 하시며, 이 모든 복 가운데서 당신을 지키신다.

그렇다면 영적 해방은

그리스도께서 우리의 인격 속에 자리를 잡으심으로써

우리의 인격 속에 아담이 제거된 위대한 사실과 연결되어 있다.

이것은 "내가 산 것이 아니요 오직 내 안에 그리스도께서 사신 것이라"는 구절을 달리 표현한 것이다. 갈라디아서 4장에 보면 사도 바울은 "나의 자녀들아 너희 속에 그리스도의 형상이 이루기까지 다시 너희를 위하여 해산하는 수고를 하노니"(19절)라고 말하고 있다. 사도 바울이 갈라디아 지역에 있는 교회들에서 다루었던 문제는 바로 그리스도에다가 율법준수를 더하는 것이었다. 율법의 모든 계명과 법령이 다 성취된 마당에 율법을 통해서 무슨 득을 보고자 하는 것일까? 율법은 육신 속에 있는 사람 때문에 하나님이 주신 것이었다. 그래서 율법은 아담으로 하여금 이 세상에서 하나님을 위해 마땅히 되어야만 하는 사람의 표준을 제시하고 있었다. 율법은 우리 속에서 아담을 살아나게 만든다. 하지만 사도 바울은 이 모든 것들을 꿰뚫고 있었기에 단호하게 거부했다. 베드로와 바나바는 두려움 때문에 숨어서, 이방인들과 함께 식사를 하지 않음으로써 율법적인 정신으로 가득한 형제들의 눈에 자신들의 종교적인 모습을 자랑하고 싶어 했다. 하지만 바울은 '나는 이 모든 율법에 대하여 죽었다. 사람들은 외적으로 자신을 개선하려고 애쓰고, 율법을 지킴으로써 자신을 좀 더 나은 사람처럼 보이고자 노력하고 있다. 하지만 나는 율법과의 관계가 이미 끝난 사람이다. 나는 율법으로 말미암아 율법을 향하여 죽었다. 이는 하나님을 향하여 살고자 함이다. 나는 그리스도와 함께 십자가에 못 박혔다.'라고 말했다. 십자가에 못 박힌 사람이 어떻게 외적으로 자신을 개선하고 또 성품을 좋게 하는 일을 생각할 수 있단 말인가? 하나님의 눈에서 제거된 사람은 마찬가지로 바울의 눈에도 제거된 사람이다. 율법과 계명은 사람에게만 적용될 뿐인데, 바울은 이 사람을 십자가에 못 박아 버렸다.

이제 이 사람이 제거되었다면 다른 사람은 없는 것인가? 그렇다. 사도 바울은 완전하게 가치 없는 한 사람, 아담이 제거되었다고 말했을 뿐만 아니라, 하나님께 완전하게 열납될만한 한 사람, 그리스도가 들어왔다고 말했다. "내가 산 것이 아니요 오직 내 안에 그리스도께서 사신 것이라." 갈라디아 교회 사람들을 위하여 해산하는 고통을 감내했던 바울의 갈망은 그들 속에 그리스도가 형성되는 것이었다. 종교적 계명은 결코 이 일을 할 수 없었다. 이 일은 우리가 성령 안에서 살아감으로써만 되는 일이었다. 갈라디아 교회 사람들은 성령으로 시작했다. 그들은 자신들을 포기하고 그리스도를 모든 것으로 삼음으로써 신앙의 출발을 했다. 하지만 이제는 육신을 통해서 완전해지고자 애쓰고 있다. 우리 마음도 이렇게 기울기가 얼마나 쉬운지를 잘 보여주는 엄중한 그림이 아닌가! 하나님의 영은 계속해서 같은 방향으로 우리를 이끌어 가신다. 우리가 해방을 얻고 또 자유 가운데 들어가게 된 토대에 굳게 서서 행하기를 바라신다. 이 토대 위에 서 있을 때, 우리는 육신에 대하여 끝장난 존재가 되고, 우리 믿음과 애정의 대상이신 그리스도라는 한 새로운 인격을 덧입게 된다. 그렇다면 우리는 자신은 기꺼이 포기하고, 우리의 목표로서 그리스도만을 붙들 수 있게 된다. 이 때 그리스도께서 우리 속에 형성된다. 십자가에서 법적으로 이루어진 일이 이제야 비로소 성령의 역사를 통해서 우리 영혼 속에 다른 한 쌍의 역사(its counterpart)를 소유하게 해주었다. 이것은 그리스도께서 우리 속에 형성된 결과로 주어진 것이다. 우리 앞에는 아담 안에서 우리의 총체적인 상태를 십자가에서 해결해주신 한 분이 계신다. 즉 그리스도이시다. 그리스도께서는 죽음을 통해서 그것을 종결시키셨다. 이제 부활하시고 영광을 받으신 분으로서, 그리스도는 하나님의 마음을 만족시켜 드렸을 뿐만 아니라, 성령 안에 있는 모든 사람들의 마음까지도 말로 표현할 수 없는 안식과 만족을 가져다주셨다.

이것은 그리스도께서 우리 속에 형성되심으로써 된다. 그 효과는 우리에게서 새로운 성품이 나타나게 되는 것이다. 즉 성령의 열매가 맺히게 된다. 성령의 열매인 "사랑과 희락과 화평과 오래 참음과 자비와 양선과 충성과 온유와 절제"는 그리스도께서 특징적으로 가지고 계신 성품이다. 이것은 아담을 계발하거나 개선시킨 결과가 아니라, 오직 그리스도께서 사신 결과이다. 골로새서에 보면 이처럼 보배로운 진리가 잘 전개되어 있으며, 거기서 신자는 이렇게 권면을 받고 있다.

"옛 사람과 그 행위를 벗어버리고 새 사람을 입었으니 이는 자기를 창조하신 이의 형상을 따라 지식에까지 새롭게 하심을 입은 자니라 거기에는 헬라인이나 유대인이나 할례파나 무 할례파나 야만인이나 스구디아인이나 종이나 자유인이 차별이 있을 수 없나니 오직 그리스도는 만유시요 만유 안에 계시니라"(골 3:9-11)

이 사실에 근거해서 신자는 또 다시 "그러므로 너희는 하나님이 택하사 거룩하고 사랑 받는 자처럼 긍휼과 자비와 겸손과 온유와 오래 참음을 옷 입고 누가 누구에게 불만이 있거든 서로 용납하여 피차 용서하되 주께서 너희를 용서하신 것 같이 너희도 그리하고 이 모든 것 위에 사랑을 더하라 이는 온전하게 매는 띠니라"(골 3:12-14)는 권면을 받고 있다. 즉 모든 경우와 모든 상태에서 아담은 제쳐지고, 그리스도께서 모든 것 가운데 모든 것이 되시며, 그리스도의 특징이 아담의 주된 특징이었던 이기적이고 가증스러운 것들의 자리를 차지하는 것이다. 이러한 내용을 언급한 것이 우리 모두를 깊은 겸손에 이르게 했다고 확신한다. 이 모든 일이 하나님의 영의 역사로 인해서 자신 속에 얼마나 깊이 작용을 했으며 또 얼마나 선한 역사를 이루게 했는지는, 스스로의 양심에 묻기로 하자. 하지만 나의 목적은 독자들이 하나님이 목표하시는 복된 목적을 얼마나 이행했는가를 묻는데 있지 않다. 만일 독자가 하나님의 목적과 하나님이 일하시는 근거를 이해했다면, 그것은 당신의 행실에 영향을 미칠 것이고, 당신의 기도에 방향성을 제시해주었을 것이다. 나는 당신이 그걸 얼게 될 것으로 확신한다.

청년 신자들이 '이 모든 일은 참으로 아름답습니다. 하지만 실제적인 방법으로 그것을 실천할 수 있는 능력은 어디에서 얻을 수 있나요?' 라고 묻는 것을 참으로 반긴다. 그에 대한 대답은 이렇게 간단하게 답할 수 있다. 우리의 유일한 능력은 하나님의 영이시다. 따라서

우리는 성령 안에서 행함으로써 실제적으로

아담은 그리스도에 의해서 대치될 수 있다.

우리는 로마서 8장 9절에 보면 성령님이 우리의 영적 상태에 그리스도인의 특징들을 더하신다는 것을 배울 수 있다. 전에 우리는 죄 외엔 아무 것도 아닌 옛 본성에 의해서 지배를 받는 존재였다. 이제 우리는 성령의 임재에 의해서 지배를 받는 존재이다. "만일 너희 속에 하나님의 영이 거하시면 너희가 육신에 있지 아니하고 영에 있나니"(롬 8:9) 우리 속에 내주하시는 성령님의 임재는 필연코 능력을 가져다주며, 따라서 우리는 갈라디아서 5장 16절에서 이렇게 기록된 것을 볼 수 있다. "내가 이르노니 너희는 성령을 좇아 행하라 그리하면 육체의 욕심을 이루지 아니하리라"(갈 5:16) 성령님은 우리 속에 내주하심으로써, 이 진리의

실제성과 그 능력을 매우 실제적으로 경험토록 해주신다. 성령님은 끊임없이 우리 자신을 의지하지 말고 불신할 것을 요구하시며, 따라서 우리는 육체를 신뢰해서는 안된다. 성령님은 끊임없이 우리로 그리스도로 점령되도록 요구하시며, 그리스도 안에서 한결 같은 기쁨을 맛보게 하신다. 우리가 성령 안에서 행하기만 한다면, 우리는 결코 육체의 욕심을 이루지 않을 것이다.

이 경우에 만일 하나님의 영이 우리의 유일한 능력이라면, 우리는 에베소서 4장 30절 "하나님의 성령을 근심하게 하지 말라 그 안에서 너희가 구속의 날까지 인치심을 받았느니라"는 말씀은 참으로 중요하고도 엄중한 말씀이 된다. 진정 성령님을 근심하게 한다면, 우리는 결코 성령의 능력을 얻지 못할 것이다. 어떻게 할 때 성령님은 근심하시는가? 성령님이 금하시는 일을 허용하거나 용납하면, 육신의 정욕과 욕심을 이루는 일에 참여하면, 하나님이 전적으로 제거하신 사람을 계발하고 개선해보고자 시도하면, 그리스도를 무시하는 행사를 하면, 성령님은 근심하신다. 하나님의 영께서 정하신 원칙이 얼마나 엄중한 것인지를 우리 하나님께서 모든 사람으로 하여금 보게 해주시길 바란다! 만일 당신이 이러한 원칙을 지키고 있지 않다면, 당신은 당신을 구원하신 하나님의 목적에 부응하는데 실패하고 있으며, 당신이 소망하는 모든 것들은 결코 이루어지지 않을 것이다. 하지만 당신이 성령의 원칙 가운데 서있다면, 비록 기독교는 실패하고 실망스러울지라도, 당신의 마음은 최고의 만족과 기쁨으로 충만할 것이며, 당신은 성령을 통해서 하나님의 기뻐하시는 방향으로 계속 행하게 될 것이다.

그렇다면 우리 앞에 있는 이 주제는 결코 우리가 잊지 말아야 할 금과옥조(金科玉條)와 같은 원칙인 것이다. 영원한 사랑으로 시작된 모든 하나님의 계획은 앞으로 그 풍성한 결실을 맺게 될 것이다. 바로 그 날은

우리가 그리스도와 같은 몸으로 변화됨으로써 육체적으로도

아담이 그리스도로 대치되는 날이다.

우리는 땅에 속한 자의 형상을 입고 있지만 장차 하늘에 속한 자의 형상을 입게 될 것이다. 아담의 육체적 조건과 상태를 그대로 물려받은 "혈과 육은 하나님 나라를 유업으로 받을 수 없[다.]"(고전 15:50) 우리는 신령한 몸을 받게 될 것이다. 즉 장차 우리가 입게 될 몸의 근본적인 활력은 피에서 얻는 몸이 아니라 하나님의 영에서 얻는 몸이 될 것이다. 하나님의 영으로 다시 살리심을 받고 하나님 우편에서 영광스럽게 되신 그리스도는 영적 추수의 첫 열매였고, 많은 형제 중에서 맏아들로서 부활의 몸을 입는 일에도 하나의 본이셨다. 그리스도의 죽음에 의해서 부어

진 은혜를 깨닫고 하늘의 부르심을 입어 하나님 앞으로 인도된 하늘 백성들은 그리스도의 본을 따라서 부활의 몸을 입을 것이다. 그리스도는 "우리의 낮은 몸을 자기 영광의 몸의 형체와 같이 변케 하[실]" 것이다(빌 3:21). 우리는 그리스도와 같이 될 것이다. 이는 "그의 계신 그대로 볼 것"이기 때문이다(요일 3:2). 아담은 그리스도에 의해서 완전히 그리고 영원히 대치될 것이다.

비록 필자가 독자 앞에 이 주제를 불완전하게 제시했을지라도, 이처럼 위대한 주제를 기도 가운데 깊이 생각해볼 것을 권하고 싶다. 이 주제가 성경의 전체적인 주제와 어떻게 날실과 씨줄처럼 서로 짜여 있으며, 당신이 신령한 삶을 사는데 필요한 각 부분과 어떻게 연결되어 있는지를 살펴보았다. 이제 우리 앞에는 중차대한 질문이 있다. 이것은 항상 물어야 하는 질문이다. 모든 세대의 역사를 통해서, 십자가를 통해서, 그리고 영광을 통해서 충분히 응답된 질문이다. 게다가 이제는 우리가 충분히 답할 수 있는 질문이다. 즉 어느 누가 하나님을 위하는 일을 할 수 있는가? 아담인가 그리스도인가? 이 질문에 대답하고자 하면, 새로이 떠오르는 질문이 하나 더 있다. 누가 나를 위하여 일을 해주어야 하는가? 나는 어느 쪽에 점령을 당해야 하며, 누구를 섬겨야 하며, 또 누가 나에게서 그 모습을 나타내야 하는가? 아담인가 그리스도인가? 스스로 답해보라.

제 4장 헌신

아가 2:1-4, 4:16

　솔직히 말해서 우리들 대부분은 그리스도를 향한 개인적인 헌신이 부족하다는 것을 인정하지 않을 수 없다. 우리 입술로 인정하고 또 우리 마음으로 확신하는 것은, 영광 중에 계신 찬송을 받으실 우리 구주께서는 우리의 머리끝부터 발끝까지, 우리의 전 존재를 다 바쳐 충성할 만큼 존귀한 분이시라는 것이다. 감히 말하지만, 우리 대부분은 그리스도께 헌신하는 일을 더욱 갈망하고 더 기도하고 또 좀 더 최선의 노력을 경주해야 마땅하다. 그럼에도 지금까지 우리의 열망과 노력은 만족스러운 결과를 내지 못하고 있다. 그렇다면 우리는 어째서 헌신이 충분치 못했고 또 우리의 결심과 노력은 계속 유지될 수 없었는지를 살펴볼 필요가 있다.

그리스도를 향한 헌신은 확실한 인과관계를 가지고 있다. 만일 우리 마음에서 하나님이 정하신 방식대로 어떤 요소들이 투입되고 또 작용되고 있다면 반드시 그에 합당한 결과를 산출하게 될 것이다. 몇 가지 요소들을 함께 살펴보고자 한다. 그 가운데 가장 중요한 것은 앞서 소개한 성경 구절에 있다. 여기서 신부는 "나는 사론의 수선화요 골짜기의 백합화로다"(아 2:1)라고 외치고 있다. 신부는 자신이 신랑의 눈에 어떠한 존재인지에 대한 분명한 인식이 있었고, 그래서 신랑 앞에서 자신의 입술로 이처럼 아름다운 고백을 할 수 있었다. 만일 우리 마음이 은혜가 주는 영적인 자유를 누리고 있지 않다면 감히 이런 말을 할 수 없을 것이다. 만일 은혜가 우리에게 선사한 하나님의 무궁한 호의를 받는 자리, 그처럼 높은 영적 신분의 자리에 들어가 있지 않다면, 우리는 감히 "나는 사론의 수선화요 골짜기의 백합화로다"라고 말할 수 없을 것이다.

어쩌면 독자들 가운데에는 아직 죄 사함의 은총과 영원한 안전에 대한 확신을 갖지 못한 사람이 있을 지도 모르겠다. 어쩌면 당신은 내가 최근에 읽었던 전기(傳記)의 속의 인물처럼 진지하고 경건한 사람일지 모른다. 전기 속의 등장 인물은 사역 말기에 이르자 어느 날 예배 시간에 이렇게 기도했다. '오, 나의 하나님. 머리털 굵기만큼이나 구원의 확신을 주시니 감사합니다.' 그처럼 고상한 사람의 마음이 갈망해온 최고의 갈망은 자신이 진정 구원을 받은 사람인지를 확신하는 것이었다. 만일 당신의 갈망도 동일한 것이라면, 참으로 기쁜 마음으로, 하나님이 모든 어려움을 이미 제거해주셨노라고 말하고 싶다. 당신의 죄는 사함을 받을 것이고, 당신의 영혼은 구원을 받을 것이며, 또 신적인 확신이 당신의 마음 속에 자리를 잡게 될 것이다. 왜냐하면 하나님은 자신의 독생자를 구원자로 십자가에 내어주셨기 때문이다. 그리고 십자가에 달려 죽어가는 구주의 입술에서는 오히려 승리에 찬 외침이 터졌다. "다 이루었다." 그리고 하나님은 그리스도를 죽은 자 가운데서 다시 살리셨고, 그리스도의 완성된 구속 사역을 확증하고 또 그 가치를 드높이기 위해서 자신의 우편에 앉히셨다. 이제 성경은 구주를 믿는 사람들을 위하여 영혼에 확신을 주는 말씀으로 가득하다. 여기에 당신을 위한 말씀 한 구절이 있다. 이제라도 하나님께서 이 구절을 사용하셔서 당신에게 확신을 주시길 빈다!

"그(예수님)에 대하여 모든 선지자도 증언하되 그를 믿는 사람들이 다 그의 이름을 힘입어 죄 사함을 받는다 하였느니라."
(행 10:43)

진정 이 구절을 믿는다면 당신도 확신을 가질 수 있다. 뿐만 아니라 하나님이 기꺼이 당신을 열납해주셨다는 열납된 자의 기쁨(the joys of acceptance)을 맛볼 수 있게 해주시기를 바란다. 그렇다면 당신은 "나는 사론의 수선화요 골짜기의 백합화로다"라고 말할 수 있을 것이다. 이제 헌신을 향하는 길의 첫 번째 단계는 바로

당신이 **그리스도 안에 있는 사람**인 것을

아는 것이다.

이 사실과 연결해서 에베소서 1장 3-7절을 읽어보자.

"찬송하리로다 하나님 곧 우리 주 예수 그리스도의 아버지께서 그리스도 안에서 하늘에 속한 모든 신령한 복을 우리에게 주시되 곧 창세 전에 그리스도 안에서 우리를 택하사 우리로 사랑 안에서 그 앞에 거룩하고 흠이 없게 하시려고 그 기쁘신 뜻대로 우리를 예정하사 예수 그리스도로 말미암아 자기의 아들들이 되게 하셨으니 이는 그의 사랑하시는 자 안에서 우리

에게 거저 주시는 바 그의 은혜의 영광을 찬송하게 하려는 것이라 우리는 그리스도 안에서 그의 은혜의 풍성함을 따라 그의 피로 말미암아 속량 곧 죄 사함을 받았느니라."

이 구절들은 하나님의 뜻을 우리에게 알려준다. 즉 자기 앞에 "거룩하고 흠이 없는" 한 백성을 소유하실 뿐만 아니라, 그 마음에 사랑하는 자를 열납하신 것과 동일하게 열납해주시는 사람들을 얻으시는 것이 하나님의 마음의 목적이며 그 기쁘신 뜻인 것이다. 그렇다면 은혜로 말미암아 하나님의 백성된 사람은 얼마든지 "나는 사론의 수선화요 골짜기의 백합화로다"라고 말할 수 있다. 이러한 영적인 생각을 품자마자 당신은 육신 안에 있는 사람은 영원히 사라지는 것을 보게 될 것이다. 왜냐하면 과거에 당신이 얼마나 진지하고 열심을 품었는가에 상관없이, 당신 자신의 힘으로는 결코 이 상태에 이를 수 없기 때문이다. 반대로 당신은 자신이 얼마나 거룩하지 못하고 미운 존재인지를 제대로 보게 될 것이다.

이 시점에서 만일 우리가 욥과 바울, 그리고 그 두 사람의 체험에 대한 성경구절을 읽어보면, 많은 도움이 될 것이다. 욥기 29장 11-18절, 40장 3,4절, 42장 5,6절, 그리고 빌립보서 3장 4-6절, 그리고 로마서 7장 18절을 읽어보라. 여기서 우리는 두 종류의 사람이 가지고 있는 특징을 보게 된다. 구약성경에서 욥보다 더 도덕적이고 종교적인 사람이 없었다면, 신약성경에서는 사울을 능가하는 사람은 없었다. 이 두 사람은 하나님의 존전 앞으로 불려갔으며, 두 사람 모두 자신의 최선에 속한 모든 것이 물거품이 되는 것을 경험했다. 독자들은 이것이 이 두 사람만의 이야기로 여기지 않기를 바란다. 오히려 하나님의 임재 속에서 진정한 자신의 모습을 보게 되었고, 이것은 진정으로 보게 된 자신들의 진면목이었고, 그에 대한 자신들의 평가였다. 실제로 하나님이 우리 자신을 평가하신다 해도 매우 점수가 낮다는 진실을 받아들일 수 있기를 바란다. 사랑하는 독자들이여, 과연 욥과 다소의 사울이 자신의 영혼 속에 받아들인 진실을 그대도 기꺼이 받아들일 수 있는가? 욥은 자신에 대해서 이렇게 평가했다. "나는 비천하오니⋯나 자신을 미워하오며"(욥 40:4, 42:6) 다소의 사울은 이렇게 말했다. "내 속 곧 내 육신에 선한 것이 거하지 아니하는 줄을 아노니"(롬 7:18) 이 사실을 자기 영혼 속에서 경험적으로 깨우친 것이 아니라 그저 이성적으로만 이 사실을 받아들인 사람들이 많이 있다. 이런 사람들은 교리적으로는 선명하게 알지는 몰라도, 하나님에게 열납받은 자로서의 누리는 기쁨은 전혀 알지 못할 수가 있다. 왜냐하면 이 사람들은 자신에 대한 평가를 해본 일이 없기 때문이다. 그들은 자기 속에 어떤 면에선 선한 것이 있다고 생각하며, 많은 경우 자신들이 그러한 성향에 젖어 있다는 의식조차 하지 못하고 있다. 노력, 실망, 자책, 그리고 자기 만족 등이 다람쥐 쳇바퀴 돌 듯 자신들의 삶에서 반복될 뿐이다. 가끔 영적인 기쁨을 맛보기도 한다. 하지만 사람은 육신 안에 있는 사람으로서 진정한 자신의 모습을 볼 수 있을 때까지, 그리고 자기 속에 조금도 선한 것이 없기에 다만 하나님의 심판을 받아 마땅하다는 사실을 배울 때까지, 하나님에게 열납된 사실이 주는 기쁨을 영원히 맛볼 수 없을뿐더러, 그처럼 하나님의 호의로 가득한 자리가 내뿜는 영광의 광선을 충분히 쏘인 후에야 비로소 "나는 사론의 수선화요 골짜기의 백합화로다"라고 말할 수 있을 것이다.

당신이 진정 자신의 비천함을 깨달았고, 당신 자신을 비로소 혐오하게 되었다면, 그래서 당신이 하나님 앞에서 거룩하고 흠이 없는 상태로 하나님의 열납을 받은 자가 되는 것은 (당신을 통해서 되는 것이 아니라) 전혀 다른 사람을 통해서 되는 것이며, (당신에게서 나온 그 무엇에 근거한 것이 아니라) 전혀 다른 근거에 의해서 되는 것임을 이해하는 것은 그리 어렵지 않다. 그렇다면 이제 답해보라. 당신에게 그런 일을 해줄 수 있는 다른 사람이 있는가? 사랑하는 독자들이여, 이것은 매우 중요한 질문이며, 오직 복음만이 답해줄 수 있다. 그렇다. 하나님께 감사하자. 그 다른 사람이 분명 있다. 전에 이 세상을 사셨던 분이며, 절대적인 완전함으로 사람의 책임을 온전히 감당하신 분이 계신다. 십자가에서 죄의 모든 문제를 감당하시고, 죄의 결과를 책임지셨을 뿐만 아니라 하나님의 영광이 요구하는 모든 것을 만족시키신 분이시다. 죄에 대하여 죽으심으로 죄 문제를 영원히 해결하셨다. 그 결과로 아버지의 영광으로 말미암아 다시 살아나셨고, 하나님에게 열납된 자로서 하나님의 보좌 우편에 세세토록 살아계신 분이시다. 주 예수 그리스도께서 하나님 앞에서 거룩하고 흠이 없는 상태로 계시며 또한 하나님의 사랑을 받는 자로서 하나님과의 사이에 아무 것도 가릴 것이 없으시다. 즉 그리스도께서는 하나님이 영원 전부터 그 마음에 합한 사람이시다. 에베소서 1장의 이 구절에 주목하라. "창세 전에 그리스도 안에서 우리를 택하사"(4절) 참으로 놀라운 사실은, 이 창조에 속하지 않으신 그리스도께서 높임을 받으심으로써 사람에 대한 하나님의 계획을 충분히 표현하고 계시다는 점이다. 삼위일체 가운데 제 2위격이신 분이 하나님 마음의 생각에 온전히 합한 사람이 되고자 친히 사람이 되셔야만 했다. 따라서 그리스도의 삶과 죽으심과 그리고 이후에 영광을 받으신 것을 생각해보고, 또 바로 그 사람이신 그리스도를 열납하신 하나님의 열납 안에서 당신도 받아주신 사실을 생각해볼 때, 참으로 기쁘지 아니한가? 만일 우리 존재의 중심에서부터 바깥에 이르기까지 아무 것도 좋은 점이란 없고 오로지 정죄와 죽음 뿐이라는 사실을 하나님에게서 제대로 배웠다면, 영원한 사랑의 계획은 우리를 그리스도께서 열납되신 자리에 넣어주는 것이었음을 알게 될 때 참으로 복이 있다. 이제 하나님의 풍성한 은혜를 통해서 또 그리스도를 우리 구주로 아는 참 지식을 통해서, 우리는 성령님으로 말미암아 이러한 새로운 지위가 주는 기쁨 속으로 들어간다. 하나님은 자신이 진정 기뻐하시며, 자신의 모든 기쁨을 둔 존재이신 그리스도의 아름다움을 우리에게 덧입혀 주시고, 그분을 열납하신 그 자리에 우리를 넣어 주셨으며, 우리로 그 열납의 자리를 의식적으로 기뻐하도록 우리에게 성령님을 주셨다.

그렇다면 이렇게 묻고 싶을 것이다. '과연 하나님은 이처럼 경이로운 열납의 자리를 주심으로써 아담의 자손으로서 우리의 죄악된 상태를 그냥 무시하시는 건가요?' 그렇지 않다. 친구여, 죄악된 상태는 우리로 하여금 그처럼 혹독한 대가를 치르게 했으며, 우리는 그것을 그냥 무시할 수 없다. 하나님은 그에 대해서 충분히 계산하셨고, 완전히 만족할만한 해법을 찾으셨다. 우리의 죄악된 상태를 십자가에 가져와, 그곳에서 완전하고도 공의로운 정죄를 받게 하셨다. 그래서 성경은 "우리의 옛 사람이 예수와 함께 십자가에 못 박혔고,"(롬 6:6), 또 "율법이 육신으로 말미암아 연약하여 할 수 없는 그것을 하나님은 하시나니 곧 죄로 말미암아 자기 아들을 죄 있는 육신의 모양으로 보내어 육신에 죄를 정[죄 했다.]"(롬 8:3)고 말한다.

은혜가 주는 영적인 자유를 누리며, "사랑하는 자 안에서 우리를 받아주신" 것을 알게 될 때, 비로소 "나는 사론의 수선화요 골짜기의 백합화로다"라고 말할 수 있게 된다. 당신은 그러한 지위를 의식적으로 누리고 있는가? 하나님은 우리의 영혼이 이처럼 경이로운 지위가 주는 기쁨을 누리길 바라신다. 하나님은 우리가 성령님을 통해서, 그러한 열납이 우리에게 선사해주는 사랑의 기쁨 속에서 자유롭고 행복하기를 바라신다. 이렇게 자유와 행복을 누림으로써 우리는 그리스도를 향한 헌신에 있어서 의미 있는 한 발을 내딛게 된다.

이제 아가서 2장 2절에서 우리는 신랑의 응답을 보게 된다. "여자들 중에 내 사랑은 가시나무 가운데 백합화 같도다."(아 2:2) 이 구절에서 우리는 우리가 그리스도 안에서 누구인가에 대한 것이 아니라,

우리는 그리스도에게 어떤 존재인가에

대한 내용을 볼 수 있다. 이제 이것을 잘 이해하게 되면 우리 마음은 앞서 살펴본 것보다 더 큰 감동을 받게 된다. 이 주제와 요한복음 13장을 연결해서 살펴보자. "유월절 전에 예수께서 자기가 세상을 떠나 아버지께로 돌아가실 때가 이른 줄 아시고 세상에 있는 자기 사람들을 사랑하시되 끝까지 사랑하시니라."(1절) 이 구절을 묵상하면 할수록, "자기 사람", "세상에 있는 자기 사람들"이란 단어가 주는 감미로움에 나의 마음은 녹아든다. 주님은 자기 사람들을 데리고 아버지 집에 가서 자기와 같이 영광

을 받도록 하신 것이 아니라, 자기 사람들을 세상에 두셨다. 머지않아 백합화는 자신의 본향으로 옮겨질 것이며, 영광 중에 계신 그분의 품에 안길 것이다. 하지만 그 때까지는 백합화는 가시나무 가운데 있어야 한다. 우리는 주님처럼 온통 고난, 거절, 죽음 밖에 없는 세상에 있다. 세상은 그분에게는 가시나무 숲과 같았다. 주님은 아버지에게로 가셨지만, 이렇게 표현할 수 있다면, 주님의 마음은 두고 가셨다. 아버지의 임재가 가진 안식과 기쁨 속으로 들어가신 우리의 찬송 받으실 주님은 자신의 보배 - 그 사랑의 대상 - 를 이 세상에 두고 가신 것이다. 모든 독자를 포함해서 자기 사람들을 향한 그분의 사랑의 기쁨이 어느 정도인지 도무지 표현할 수도 없고, 측량할 수도 없다. 다만 주님은 지금 우리가 그분에게 어떤 존재인가를 이렇게 표현하실 뿐이다.

"여자들 중에 내 사랑은 가시나무 가운데 백합화 같도다."

그렇다면 어떻게 우리는 주님에게 "자기 사람들"이 되는 것인가? 하고 묻지 않을 수 없다. 아! 독자들이여, 이 질문에 답하려면 우리는 다시 돌아가서 시간이 시작되기 이전 아버지께서 우리에 대해서 품으신 목적이 무엇인지를 보아야 한다. 복되신 아드님께서는 "그들은 아버지의 것이었는데 내게 주셨으며"(요 17:6)라고 말씀하셨다. 우리는 아들을 향한 아버지의 사랑에 대한 표시로서 아들에게 주실 만큼 값진 존재로서 아버지의 목적 가운데 있었다. 이것을 생각해볼 때, 우리 마음에 깊은 경배의 마음이 우러나지 않는가?

우리가 "그리스도에게 속한 사람들"이 되기 이전에 하나님 사랑의 또 다른 경탄할만한 모습이 나타났다. 선한 목자께서 양들을 위하여 자기 목숨을 버리신 것이다. 이처럼 주권적인 사랑이 품은 목적들은 구속의 터 위에서, 그리고 죄와 관련된 하나님 영광의 완전한 실현과 관련해서만 진행될 수 있었고, 이를 위해서 선한 목자께서 양들을 위하여 자기 목숨을 버리신 것이다. 우리 대부분은 요한복음 10장에 오래도록 머물고 싶어 하며, 지친 죄인의 마음은 다음과 같은 은혜로운 말씀에서 힘을 얻곤 한다. "내가 그들에게 영생을 주노니 영원히 멸망하지 아니할 것이요 또 그들을 내 손에서 빼앗을 자가 없느니라."(요 10:28) 하지만 우리가 영원한 안전에 대한 확신을 얻으려면 이 구절이나 다음 구절로는 충분하지 않다. 이 구절은 영원한 안전에 대한 확신을 주는 최고의 구절은 아니다. 오히려 이 구절은 자신을 위해서 "자기 사람들"을 안전하게 지키시는 목자의 기쁨이 나타나 있다. 이를 위해서 주님은 죽으셨고, 이를 위해서 주님은 지금도 능력과 사랑으로 역사하신다. 주님은 자신을 희생해서 얻으신 것을 결코 잃지 않으실 것이다. 아버지께서도 마찬가지로, 신적인 능력으로 일하시며, 동일하게 끝까지 사랑하신다. 아버지와 아들 사이에 있는 보배로운 하나됨은 우리를 향한 동일한 목적과 동일한 기쁨으로 나타났다! 만일 우리 마음이 이 사실을 더욱 깊이 묵상하게 되고 실제적으로 깨닫게 되면, 우리는 얼마나 다른 모습으로 이 세상을 살아갈 것인가!

비길 데 없이 아름다운, 요한복음 13장이 주는 감동에 잠시 젖어보자. 예수님은 세상을 떠나 아버지에게로 돌아가실 때가 된 줄 아시고, 저녁 식사하던 자리에서 일어나 겉옷을 벗고 수건을 가져다가 허리에 두르시고 또 대야에 물을 떠다가 제자들의 발을 씻기기를 시작하셨다. 우리의 교훈을 위해 선택된 베드로가 이제 반대하고 나선다. 하지만 그때 주님의 행동을 이해할 수 있는 열쇠가 다음과 같은 말을 통해서 제공되었다. "내가 너를 씻어 주지 아니하면 네가 나와 상관이 없느니라." (8절) 아버지에게로 돌아가실 주님은 아버지의 나라의 말로 표현할 수 없는 지복(至福)과 기쁨 속으로 들어가실 참이었고, "자기 사람들"도 자기와 함께 있게 하실 계획이었다. 주님 마음의 깊은 사랑이 우리를 위해서 생각할 수 있는 최고의 것은 우리가 경이로운 아버지의 나라에서 주님과 함께 하는 것이었다. 이러한 목적을 위해서 주님은 자신과 함께 하는데 방해가 되는 모든 더러움과 오점을 제거하고자 능동적인 사랑으로 섬기는 일을 시행하신 것이었다. 주님의 사랑은 아버지께서 주시는 분깃을 우리와 함께 나누는데 방해가 되는 모든 오점을 제거하시는 것으로 나타났다. 당신과 내가 그처럼 황송한 주님의 섬김을 받기에 얼마나 자격이 없는 사람인가는 별개의 문제이다. 게다가 만일 당신이 주님과 함께 하는 것이 무엇인지 설명해달라고 굳이 묻는다면 나는 말해줄 수가 없다. 그것이 무엇인지를 생각해볼 때, 그저 어린 아이처럼 그것은 측량할 수 없을 정도로 엄청난 복을 누리고 기쁨을 맛보는 일일 거라고 생각할 뿐이다. 당신과 나의 마음이 그 실체에 대해 더욱 일깨움을 갖고, 우리 마음이 이처럼 놀라운 사랑의 깊음 속으로 더욱 침잠해 들어갈 수 있기를 바란다. 그래서 우리가 그리스도에게 어떤 존재인가에 대한 자각을 가질 수 있기를 바라고, 우리에 대해서 "여자들 중에 내 사랑은 가시나무 가운데 백합화 같도다."라고 말씀하시는 사랑에 감동을 받기를 바란다.

여기에는 매우 실제적이고 경험적인 측면이 있는데, 빌립보서 2장 12-17절에 잘 나타나 있다.

"그러므로 나의 사랑하는 자들아 너희가 나 있을 때뿐 아니라 더욱 지금 나 없을 때에도 항상 복종하여 두렵고 떨림으로 너희 구원을 이루라 너희 안에서 행하시는 이는 하나님이시니 자기의 기쁘신 뜻을 위하여 너희에게 소원을 두고 행하게 하시나니 모든 일을 원망과 시비가 없이 하라 이는 너희가 흠이 없고 순전하여 어그러지고 거스르는 세대 가운데서 하나님의 흠 없는 자녀로 세상에서 그들 가운데 빛들로 나타내며 생명의 말씀을 밝혀 나의 달음질이 헛되지 아니하고 수고도 헛되지 아니함으로 그리스도의 날에 내가 자랑할 것이 있게 하려 함이라 만일 너희 믿음의 제물과 섬김 위에 내가 나를 전제로 드릴지라도 나는 기뻐하고 너희 무리와 함께 기뻐하리니"

우리의 복되신 주님도 이 땅에 계실 때, 주님은 실로 "가시나무 가운데" 계신 분이셨고, 주님이 가지셨던 마음과 성품을 "자기 사람들"도 가지기를 바라신다. 이렇게 경험적인 측면에서의 구원은 사실, 우리 자신의 의지를 포기하는 훈련과 다르지 않다. 하나님의 기쁘신 뜻을 따르고 행하는 것이 우리 속에서 이루어지고, 항상 두렵고 떨림으로 그것을 이루어냄으로써 우리는 이 세상에서 전혀 새로운 성품을 가진 자로서 드러나게 된다. 모든 일을 원망과 시비가 없이 행하고, 비뚤어지고 성질이 고약한 사람들 가운데서 비난받을 만한 일도 없고 해로움도 없는 사람으로 나타나고, 책망할 것이 없는 하나님의 아들들로 나타나서, 그들 가운데 세상의 빛으로 빛을 밝힘으로써, 우리는 실제적이고 경험적으로 "가시나무 가운데 백합화"가 되어야 한다. 주님이 주님의 이름을 위하여 이러한 일을 흥왕하게 해주시길 빈다!

우리가 그리스도 안에 있으며 또 그리스도에게 어떤 존재인지를 아는 지식은 헌신에 이르는 세 번째 단계로 들어가도록 우리 마음을 준비시켜 준다. 우리에 대한 하나님의 모든 섭리의 결말은

그리스도께서 우리에게 모든 것이 되시는 것이며,

아가서 2장 3-4절은 바로 이 상태에 이르게 된 영혼의 고백인 것이다.

"남자들 중에 나의 사랑하는 자는 수풀 가운데 사과나무 같구나 내가 그 그늘에 앉아서 심히 기뻐하였고 그 열매는 내 입에 달았도다 그가 나를 인도하여 잔칫집에 들어갔으니 그 사랑은 내 위에 깃발이로구나."

그리스도를 통한 우리 영혼의 깊은 만족감은 어제나 오늘이나 영원토록 동일하다. 아가서 5장에서 신부는 그분의 탁월함을 나열해보지만, "그 전체가 사랑스럽구나."라는 말로 마칠 수밖에 없었다. 당신과 나의 영혼이 사모하는 그분을 보라! 그분에 대한 모든 생각은 항상 새롭게 솟아난다! 우리가 진정 그리스도 안에 있으며, 우리가 그분에게 어떤 존재인가를 알았다면, 그리스도께서 누구신가를 묵상하면 할수록 우리 영혼은 영적인 희열과 만족에 빠져들어 갈 것이 확실하다. 우리는 우리 자신의 무가치함과 나를 해방시켜줄 새로운 존재가 필요하다는 것을 깨닫고, 새로운 존재가 가진 출중한 능력을 통해서 우리는 우리 자아로부터 해방을 받게 된다. 시편 42편에는 자기 영혼의 공허와 목마름 때문에 영적으로 헐떡거리는 사람의 모습이, 시편 45편에는 왕의 아름다움에 흠뻑 매료되어 그 영혼이 충만한 상태에서 기쁨과 즐거움이 흘러넘치는 사람의 모습이 대조적으로 묘사되어 있다. 이것은 요한복음 7장 37-38절, "누구든지 목마르거든 내게로 와서 마시라 나를 믿는 자는 성경에 이름과 같이 그 배에서 생수의 강이 흘러나오리라"(요 7:37,38)는 말씀에서처럼, 목마른 상태에서 생수의 강이 흘러넘치는 상태로의 전환을 보여준다.

사랑하는 그리스도인들이여, 지금은 하늘 영광 가운데 세세토록 살아계신 분이 진정 당신 영혼의 유일한 사모하는 분이신가? 나의 경우, 내가 구주 예수님을 믿고 나서, 얼마 동안은, 그분을 이 세상에 사셨고 죽으신 분으로만 생각했다. 하지만 나는 어느 사랑하는 형제님과 더불어 무릎을 꿇고, 그리스도를 하늘 영광 가운데 사시는 분으로써 알게 해달라고 기도했던 날을 기억하고 있다. 그 날에야 비로소 하늘에 내 영혼이 사모하는 분이 계시다는 사실이, 새벽에 여명이 동터오듯이 알게 되었다. 영광을 받으신 그리스도께서 당신 영혼의 사모하는 대상으로서 자리를 잡고, 그분의 밝고도 아름다움이 당신 영혼을 가득 채울 때까지 당신의 마음은 결코 만족함을 모를 것이다.

그처럼 당신 영혼의 사모하는 대상으로서 하늘에 영광 중에 계신 그리스도를 소유하게 되면, 당신은 그분의 그늘에 앉아서 심히 기뻐하게 될 것이며, 그분이 주시는 열매가 당신의 입에 심히 단 것을 경험하게 될 것이다. "그 그늘에 앉아서"라는 말에 주목하라. 나는 오늘날 많은 그리스도인들이 영적 일사병으로 고통을 받는 것을 보고 있다. 해는 낮을 주관하도록 창조되었다. 그렇다면 해는 시대의 영향력을 상징하고 있다고 볼 수 있다. 우리를 둘러싸고 있는 이 세상의 영향력에 끊임없이 노출되어 있는 그리스도인들은, 이 세상에 있는 것들이 우리 영혼을 메마르게 하고, 영적으로 말라죽게 하는 효력을 가지고 작용하고 있다는 것을 알 것이다. 나는 독자들 대부분이 고된 하루 일과를 마친 후에는 영적인 힘을 회복하기 위해서 사람들과 및 일들과의 접촉을 피하고, 그리스도의 그늘에 앉아서 쉬는 일이 얼마나 중요한 것인가를 알고 있을 것이라고 확신한다. 이사야 32장은 그리스도를 가리켜 "광풍을 피하는 곳, 폭우를 가리는 곳 같을 것이며 마른 땅에 냇물 같을 것이며 곤비한 땅에 큰 바위 그늘 같[다]"(2절)고 말하고 있다. 대부분 우리는 여행객들에게 "곤비한 땅"이 어떠하리라는 것쯤은 알고 있을 것이다. 개인적인 슬픔과 시련, 가족 혹은 사업에 대한 염려, 어쩌면 세상의 유혹과 사람들로부터 받는 박해 등이 지금 당신이 겪고 있는 일인지 모른다. 그렇다면 당신은 그분의 그늘에 앉을 필요가 있다. 그리하면 당신에게는 달콤한 휴식과 아울러 그리스도께서 당신의 영혼을 새롭게 충전시켜주시는 은혜를 입게 될 것이다.

그리스도의 그늘에 앉게 되면 휴식 뿐만 아니라 영구적인 만족을 얻게 될 것이다. "그 열매는 내 입에 달았도다."(아 2:3) 그리스도의 마음에서 흘러나오는 모든 현재적인 은혜와 그 은혜의 모든 활동과 그 결과물과 그 경모할만한 인격이 주는 깊은 만족감 등이 우리 영혼의 양식이 되고, 우리 영혼의 진정한 만족이 된다. 우리가 그분의 마음과 기쁨이 무엇인지를 배우고, 그분에게 합당한 사람이 되는 것이 무엇인지를 아는 영적 감각을 얻는 곳이 바로 그곳이다. 우리가 섬기러 일어나 사역의 현장으로 달려가기 전에, 먼저 그분의 발치에 앉는 것을 배울 필요가 있다. 섬김에 있어서 이 교훈의 중요성을 아무리 강조해도 지나치지 않을 것이다. 베다니 마을의 마리아가 이 일에 본보기이다. 마리아는 "예수님의 발치에 앉아 그의 말씀을"(눅 10:39) 들었는데, 사실 이것은 주님에게 영구적인 가치가 있는 가장 귀한 봉사를 준비하는 시간이었다.

사랑하는 그리스도인들이여, 당신은 그리스도의 그늘에 앉아서 당신 영혼이 심히 기뻐하는 비밀스러운 시간을 가지고 있는가? 당신은 진정 그리스도만으로 영구적인 만족감을 얻고 있는가? 만일 그렇다면, 당신은 종교 소설이나 세속적인 유흥이 필요 없을 것이다. 아무리 해로운 것이 없어 보일지라도 세상에 속한 것을 추구하지 않을 것이며, 죄로 물들어 있는 세상 풍조 속에서 어떻게든 행복을 찾아내고자 하지 않을 것이다. 그리스도의 그늘에서 보낸 5분은 세상 쾌락 속에서 보낸 일생보다 더욱 실제적인 기쁨을 선사해준다. 장차 그리스도의 심판대에서 우리 삶을 돌아보게 될 때, 과연 우리는 우리의 삶을 얼마나 다르게 보게 될 것인가! 아무런 가치가 없는 지극히 사소한 것들에 우리 마음을 빼앗겼던 것들을 돌아보면서 얼마나 극치의 어리석은 일로 생각할 것인가? 사실 우리가 이러한 것들에 욕심을 내었을 때, 그것은 마귀로 하여금 우리 자신을 속이게 하고, 땅에 속한 것들에 마음을 빼앗기도록 허용해준 탓이다. 우리 마음을 더욱 주님 자신에게로 향하게 해주시길 빈다!

"그가 나를 인도하여 잔칫집에 들어갔으니 그 사랑은 내 위에 깃발이로구나."(아 2:4) 이 구절에는 그냥 지나칠 수 없는 더욱 사랑어린 감동이 있다. 여기서 말하는 잔칫집은 왕궁에서 열리는 연회장을 가리킨다. 이 연회장에서 왕은 기쁨을 누리며, 자신의 사랑을 신부에게 고백한다. 이에 대한 무슨 응답이 있는가? 분명 있다. 만일 그리스도께서 당신에게 모든 것이 되셨다면, 당신은 그리스도께서 자신의 이름을 두시고, 자기 사람들로 자신을 기억하도록 모으시는 장소가 어디인지 알고 싶을 것이다. 그곳에서 그리스도의 사람들은 요한복음 14장 18절, "내가 너희를 고아와 같이 버려두지 아니하고 너희에게로 오리라"는 약속의 말씀을 따라서 임하시는 그분의 임재를 통한 기쁨을 맛보게 될 것이다. 오늘날 그리스도의 이름으로 함께 모일 때, 자기 사람들 가운데 임하시는 그리스도의 임재가 있다. 부활하신 후 그리스도께서 하신 첫 번째 행동은 자기 사람들을 한 곳에 모으는 것이었다. 이것을 위해서 그리스도께서는 슬퍼하는 막달라 마리아의 마음을 만족시켜 주셨고, 양심을 더럽힌 베드로를 회복시켜 주셨으며, 엠마오를 향해서 잘못된 방향으로 가고 있는 두 제자의 발을 고쳐주셨다. 그리스도는 자신의 사랑이 직행할 수 있고 또 말로 형용할 수 없는 부요함을 전달할 수 있는 한 무리의 사람들을 원하셨다. 그곳에서 아버지의 이름을 자기 형제들에게 선포하고, 그들을 자신의 죽음과 부활에 터를 잡고 있는 새로운 지위와 관계 속으로 이끌어 들이고자 하셨다. 그래서 그들의 마음에 그리스도 자신의 기쁨을 넘치게 하사 자신과 더불어 기뻐할 수 있게 하셨다. 당신은 진정 주님이 당신을 그러한 장소에 들어가게 하셨다고 말할 수 있는가? 그래서 그곳이야말로 그리스도의 연회장이요 또한 그리스도의 사랑의 깃발이 펄럭이는 곳이라고 말할 수 있는가?

교회가 그리스도에게 어떠한 존재인가를 아는 지식은 그리스도의 사랑을 제대로 아는 일에 있어서 필수적이다. 개인적으로 나는 "하나님의 아들께서 나를 사랑하셨다."고 말할 수 있지만, 만일 그리스도께서 교회를 사랑하신 사실을 생각하지 않는다면 나는 그리스도의 사랑을 온전히 아는 것이 아닐 것이다. "그리스도께서 교회를 사랑하시고 그 교회를 위하여 자신을 주[셨다.]"(엡 5:25) 이 구절은 참으로 놀랍다. 이 구절은 우리에게 그리스도께서 사랑하신 대상을 소개해준다. 그 대상이 바로 교회인 것이다. 당신이 이 사실을 깊이 묵상하면 할수록, 당신은 형제들을 더욱 깊이 사랑하게 될 것이며, 주님의 주변으로 자기 사람들을 모으시는 주님의 기쁨을 더욱 깊이 이해하게 될 것이다. 게다가 "그가 나를 인도하여 잔칫집에 들어갔으니 그 사랑은 내 위에 깃발이로구나."(아 2:4)라고 말할 수 있는 자리에 모이는 것을 더욱 사모하게 될 것이다.

그간 다루어온 주제,

그리스도를 향한 헌신이라는

주제에 대해서 독자는 충분히 생각해보았을 것이다. 나의 목적은 결과 보다는 그러한 결과를 낼 수 있는 요소들로 당신의 마음을 사로잡는데 있다. 만일 이러한 요소들에 성령의 감동을 더해주신다면, 그 효과는 확실히 나타날 것이다. 만일 이러한 것들이 당신 영혼 속에 자리를 잡는다면, 아가서 4장 16절에 나타나 있는 결과에 이르게 할 것이다. "나의 사랑하는 자가 그 동산에 들어가서 그 아름다운 열매 먹기를 원하노라."

아가서 2장에서 우리는 그리스도께서 우리를 위하신다는 것을 배웠다. 우리는 그리스도의 열매를 맛보았다. 하지만 그 구절에서 우리는 우리가 전적으로 그리스도를 위한 존재라는 사실만을 볼 수 있을 뿐이다. 신부가 그리스도를 그 동산에 와서 그 아름다운 열매를 먹도록 초청하고 있다. 신부는 절대적으로, 전적으로, 그리스도를 위할 뿐이다. 그것이 바로 헌신이다. 헌신에는 무슨 애씀이나 강박증이 필요치 않다. 오직 행복하고, 우리가 지금까지 살펴본 요소들의 시너지 효과와 내적 폭발력에 의한 자발적인 효과만 있을 뿐이다. 우리는 신약성경에서 이에 대해서 다음과 같은 구절을 볼 수 있다.

"그리스도의 사랑이 우리를 강권하시는도다 우리가 생각하건대 한 사람이 모든 사람을 대신하여 죽었은즉 모든 사람이 죽은 것이라 그가 모든 사람을 대신하여 죽으심은 살아 있는 자들로 하여금 다시는 그들 자신을 위하여 살지 않고 오직 그들을 대신하여 죽었다가 다시 살아나신 이를 위하여 살게 하려 함이라."(고후 5:14,15)

그렇다면 사랑하는 독자들이여, 과연 우리는 그리스도를 위하여 살고 있는가? 과연 우리의 삶은 참된 헌신의 표징을 어느 정도나 가지고 있는가? 어쩌면 당신은 사람들이 흔히 말하듯, 이것은 복음을 전하도록 부르심을 받은 사람들에게나 해당되는 것이지, 매일의 삶에서 온갖 시련과 난관에 부딪히며 아등바등 살아가는 보통 그리스도인들에게는 해당되지 않는다고 말하고 싶을 것이다. 이렇게 생각하는 것은 큰 실수이다. 우선 모든 그리스도인이 이 세상에서 해야 하는 유일한 일은, 그가 일용 근로를 하면서 살든 아니면 수천 명에게 복음을 전하는 일을 하면서 살든 상관없이, 바로 그리스도를 위한 삶을 사는 것이다. 그리하면 그처럼 많은 사람들이 그저 회피하려고만 하는, 모든 시련과 난관은 사실상 그리스도를 향한 헌신을 돕는 목적으로 의도된 것임을 알게 될 것이다.

이제 아가서 4장 16절의 앞부분을 읽어보라. "북풍아 일어나라 남풍아 오라 나의 동산에 불어서 향기를 날리라." 우리가 만일 하나님과 함께 한다면, 역경의 북풍과 번영의 남풍은 모두 그리스도를 위해서 열매를 맺게 하는 것으로 작용할 것이다. 나는 북풍이 불어오기 전까지는 그럭저럭 지내는 신자들을 많이 보았다. 하지만 그들의 영혼을 극적인 방법으로 바꾸어준 것은 가족의 시련, 사업상의 시련, 혹은 개인적 고통의 시간을 겪고 난 이후였다. 바울만큼 시련이나 어려움을 겪은 사람은 없을 것이다. 그는 그의 자원, 그의 명성, 그의 자유, 그리고 그의 형제들과의 교제를 잃었다. 그는 늙고, 버림받고, 굶주린 죄수로 지내는 것이 무엇인지를 처절하게 경험했다. 그럼에도 그는 그에 대해 무엇이라 말하는가?

"이것이 너희의 간구와 예수 그리스도의 성령의 도우심으로 나를 구원에 이르게 할 줄 아는 고로 나의 간절한 기대와 소망을 따라 아무 일에든지 부끄러워하지 아니하고 지금도 전과 같이 온전히 담대하여 살든지 죽든지 내 몸에서 그리스도가 존귀하게 되게 하려 하나니" (빌 1:19,20)

차갑고 날카로운 냉기를 동반한 북풍의 바람이 그에게 덮쳤지만, 그것은 다만 사랑하는 자의 동산에서 그처럼 보배로운 과실을 맺게 하는데 이바지한 것일 뿐이었다.

실제적으로 우리가 그리스도를 위하는 존재가 되는데 가장 혹독한 시험을 받는 것은 사실은 남풍이 불 때이다. 우리의 주변 상황이나 환경이 쉽고 안락할 때, 오히려 주저앉고 잠에 빠질 가능성이 많다. 자신을 둘러싸고 있는 이 세상의 모든 것들이 그저 자신을 행복하게 해주는 것으로만 작용하는, 그처럼 큰 은혜(?)를 받는 경우는 없다. 이 땅에 안주하고픈 시험을 자연스레 받을 수 있는 것들로 둘러싸인 가운데서도 그리스도를 향하는 진실한 마음을 계속 지키는 그리스도인이 있다면, 그것은 참으로 경이로운 일일 것이다. 그렇다면 그보다 주님에게 더욱 보배로운 일은 없을 것이다. 만일 사람이 자신을 위해 살 수 있는 모든 기회를 가졌음에도, 물론 은혜로, 그리스도께 헌신되었다면, 사랑하는 주님의 마음에 참으로 아름다운 향내를 뿜어내는 과실이 맺힌 것이다.

베다니의 마리아가 자신의 옥합을 깨뜨려 그 값진 보배로운 향유를 예수님의 발에 붓고, 자신의 머리칼로 예수님의 발을 씻겨 드렸을 때, 그것은 참된 헌신이 그려내는 진정한 모습이었다. 자신의 모든 것과 심지어 자신까지도 그리스도를 위해 내어드린 것이었다. 그리고 나서 더 이상 마리아의 모습이 보이지 않는 것은 진정한 아름다움이다. 사실 마리아는 자신을 주님께 다 쏟아 부었던 것이다. 마르다는 의심 없이 "내 사랑하는 자는 내게 속하였고"(아 2:16)라고 말할 수 있었다. 하지만 마리아는 "나는 그에게 속하였도다."라는 더욱 깊이 있는 고백의 기쁨을 맛보았다. '그리스도는 나를 위하신다.'라는 고백이 따로 있고, '나는 그리스도를 위한다.'는 고백이 따로 있다. 후자의 고백이야말로 참된 헌신이다. 마리아의 행동이 성부 하나님을 위하고 또 성자 하나님을 위한 것이었다고 누가 헤아릴 수 있었던가? 하나님께서 우리 주님에게 기름을 부으신 사실이 이처럼 귀한 것일진대, (마리아의 헌신이 이처럼 귀한 사실을 반영하고 있을진대), 주님의 헌신이 언급되는 곳마다 마리아의 헌신도 언급되는 것이 마땅하다. 마리아가 부은 향유는 그 향내를 뿜어내는 것을 결코 멈추지 않을 것이며, 복음이 증거되는 곳마다 그 향기를 발산할 것이다.

이와 유사한 일이 다윗의 용사들의 고귀한 행동을 통해서 나타났다. 다윗 왕이 베들레헴 성문 곁 우물 물을 마시고자 소원했을 때, 그들은 자신들의 목숨을 걸고 왕의 소원을 이루어드리고자 적의 진영을 뚫고 들어갔다. 그들이 한 행동은 사람들의 눈에는 그리 대단한 일이 아닐지도 모른다. 어쩌면 소수의 사람들만 그 진가를 알아볼 것이지만 대부분의 사람들은 무모한 행동으로 치부해버릴 것이다. 하지만 다윗이 물을 땅 바닥에 쏟아버린 것은 주의 기름부음을 받은 자에게 자신들의 목숨을 걸고 헌신한 것을 기념하는 행동이었다. 그것은 그 용사들이 다윗에게 헌신했던 사실을 보여주고, 다윗 왕이 권력을 잡고 왕국의 보좌를 차지하는 날 그들이 경이로운 지위를 얻게 될 것을 보장해주고 있다.

장차 오는 하나님 나라의 영광 안에서 우리의 자리는 현재 거절당하신 그리스도께 우리의 충성과 헌신의 정도에 비례해서 결정될 것이다. 우리가 지금까지 살펴본 동기적인 요소들이 성령님을 통해서 함께 어울려 우리 마음에 강력하게 역사하도록 해주시고, 그리스도를 향한 헌신을 더욱 촉발시켜 주심으로써 우리 영혼이 사모하는 주님께서 "그 동산에 들어가서 그 아름다운 열매 먹기를" 바란다.

제 5장 날마다

행 17:1-12, 잠 8:34-35, 시 86:3, 마 6:11, 눅 9:23, 히 3:13

독자들 가운데에는 아직 신앙이 어린 사람들이 있을 것이다. 주 예수님에 대한 신앙을 고백한 것이 그리 오래되지 않았을 것이다. 그러한 사람들에게 도움이 되고 또 격려가 되는 말씀을 드리고자 한다. 만일 당신이 하나님과 더 깊은 사귐을 가지고자 한다면, 매일의 삶에서 다음 여섯 가지 사항들을 훈련하시길 바란다. 그 가운데 첫 번째는 사도행전 17장 10-12절에 있다.

"밤에 형제들이 곧 바울과 실라를 베뢰아로 보내니 그들이 이르러 유대인의 회당에 들어가니라 베뢰아에 있는 사람들은 데살로니가에 있는 사람들보다 더 너그러워서 간절한 마음으로 말씀을 받고 이것이 그러한가 하여 날마다 성경을 상고하므로 그 중에 믿는 사람이 많고 또 헬라의 귀부인과 남자가 적지 아니하나"

날마다 성경을 상고하라

날마다 성경을 읽고 묵상하는 일은 성경에 대한 감각을 키우고 또 계발하는데 있어 매우 중요한 요소일 뿐만 아니라 영혼의 건강을 유지하는데 있어서도 가장 중요하다. 우리 신앙의 모든 것은 우리가 성경을 접근하는 정신과 태도에 달려 있다. 학교에서 공부하는 학생처럼 성경을 배울 수도 있고, 지질학이나 식물학을 배우는 것처럼 신학을 공부할 수도 있다. 나는 그런 식으로 성경을 공부하도록 장려하고 싶지 않다. 오늘날 그런 식의 성경공부가 많이 있는 줄로 안다. 성경은 베뢰아에 있는 사람들이 "날마다 성경을 상고했다."고 말한다. 그들은 어째서 성경을 상고한 것일까? 그들은 바울과 실라의 설교를 들었고, 간절한 마음으로 말씀을 받았으며, 과연 그러한가 하여 날마다 성경을 상고했다. 놀라운 이야기를 자신들의 귀로 들었을 때, 그들은 회의적이거나 무관심한 태도를 보인 것이 아니라, 진리에 속한 것이면 기꺼이 받아들일 마음의 채비를 하고서 말씀을 받았던 것이다. 그리고 그들은 성경을 상고했다. 왜냐하면 자신들이 사도에게서 말씀을 들었기 때문이다. 그들은 옛것에 강한 집착을 보이는 골동품 수집가와 같은 태도를 보인 것이 아니라, 대단한 유산을 상속받았다는 통지서를 받게 된 상속자와 같은 태도로 성경을 상고했다. 나는 독자들이 하나님 은혜의 엄청난 복을 상속받게 되었다는 통지서를 받게 된 사실로 인해서 하나님께 감사한다. 그럼에도 여러분 가운데 어떤 분들은 과연 그러한가 하는 마음으로 날마다 성경을 상고하는데 충분한 관심을 갖지 않고 있기 때문에 염려스럽다. 그 결과는 당신이 기대하는 만큼 신앙의 성숙이 이루어지지 않는다는 것이다. 만일 누군가 당신이 받은 복이 무어냐고 묻는다면, 당신은 어쩌면 당신 속에 있는 소망에 관한 이유에 대해 거의 대답할 수 없을 지도 모른다.

하나님의 자녀들에게서 종종 삶의 일상적인 것들과는 비교할 수 없을 정도로 좋은 하나님에게 속한 일들에 대한 무관심이 나타나는 것을 보면서 깜짝 놀라곤 한다. 만일 누군가 토지를 구입했다면, 잡상인의 호객 소리가 귀에 들어오지 않을 것이다. 오히려 토지대장에 기록된 내용들을 빠짐없이 읽어보고 자신에게 확실한 권리가 있는지를 확인해보고자 애를 쓸 것이다. 만일 누군가 부동산을 유산으로 물려주었고 그 권리증을 보냈다면, 그는 그 권리증을 매우 꼼꼼하게 읽어볼 뿐만 아니라, 재삼재사 보고 또 보고할 것이 틀림이 없다. 만일 내가 어느 부유한 상인에게 가서, 국왕께서 기사 작위를 주고자 한다는 말을 전달한다면, 그는 틀림없이 그 사실을 확증하는 공식 문서를 보여 달라고 요구할 것이다. 어떤 일이 중요하면 할수록 진지한 사람들은 그에 대해 보다 더 확실히 하기를 원하는 법이다. 만일 우리가 그리스도인이 받은 복 가운데 지극히 작은 것이라도 그것이 가지고 있는 가치의 중요성을 제대로 알고 있다면, 우리는 베뢰아 사람들처럼 성경으로 가서, 과연 그러한가 하고 확실히 하고자 할 것이다. 이러한 일에 대해서 무관심으로 일관한다는 것은 그리스도인이 받은 신령한 복이 가지고 있는 위대성이 우리 마음에 제대로 전달되지 않았다는 것을 말해준다. 그렇지 않다면 우리는 더욱 진지하고 강렬한 관심을 나타내는 것이 정상이다. 이 모든 것들은 매우 중요하다. 이것은 우리 신앙생활의 사활이 걸린 문제이다.

오랜 세월 동안 강단에서 쏟아지는 무수한 말씀을 들었음에도 대부분의 그리스도인들이 하나님에게 속한 것들에 대해서 전혀 아는 바가 없다는 사실을 종종 발견하면서 - 물론 그들이 말씀에 관심을 가졌고 또 진지했음에도 불구하고 - 충격을 받곤 한다. 그들은 다만 설교를 즐긴 것처럼 보인다. 설교를 마친 후 그들의 얼굴은 너무도 밝게 빛나고 있다. 그래서 그들에게 가서 말을 걸어보면, 그들의 영혼 속에 들어간 말씀은 거의 없다는 것을 발견하게 된다. 그 이유는 이렇다. 그들은 설교는 들었지만, 자신들의 영혼을 위해서 직접 성경으로 가서 그 말씀들을 확증하는 수고를 할 만한 가치가 있는 것으로 조금도 여기지 않았기 때문이다. 말씀 사역은 그 자체로 복되고 중요한 것이긴 해도, 그럼에도 우리가 만일 직접 성경을 상고하는 수고를 하지 않는다면 그 사역은 조금도 우리 영혼에 영구적인 유익을 줄 수 없을 것이다.

사도 바울은 믿음의 아들, 디모데에게 "읽는 것…에 전념하[고]…이 일들을 묵상하고 이 일들에 전념하여 너의 유익함을 모든 사람들에게 나타나게 하라"(딤전 4:13,15)고 교훈했다. 게다가 디모데는 종으로서 "진리의 말씀을 옳게 분변하며 부끄러울 것이 없는 일꾼"(딤후 2:15)이 되어야 했고, 또 하나님의 사람으로서 "모든 성경은 하나님의 감동으로 된 것으로 교훈과 책망과 바르게 함과 의로 교육하기에 유익하니 이는 하나님의 사람으로 온전하게 하며 모든 선한 일을 행할 능력을 갖추[는]"(딤후 3:16,17) 법을 배워야 했다. 이 사실과 연관해서 디모데후서 1장 13절에는 중요한 권면이 있는데, 즉 우리는 상당히 조심해서 "바른 말을 본받아 지켜야 한다."는 것이다. 다비역에는 이 구절이 "건전한 말씀의 윤곽을 가지고 있으라."고 되어 있다. 디모데는 그 마음에 매우 선명하게 진리의 윤곽을 가지고 있어야 했다. 학창 시절, 기억만으로 세계 지도를 그리던 때가 생각난다. 친구들 앞에 나가서 내가 그린 지도를 설명하느라 진땀을 뺐으며, 엉뚱

한 자리에 우리 나라를 그려놓아서 모두를 어리둥절하게 만들었다. 이제 누군가 당신에게 기독교 진리의 윤곽을 설명해달라고 요구한다. 당신은 과연 할 수 있는가? 우리 마음에 선명한 진리의 윤곽을 가지는 것은 분명 하나님의 뜻이다. 그럼에도 우리가 날마다 성경을 상고하는 일이 없다면 우리는 이것을 감당할 수 없다. 그렇다면 하나님에게 속한 일에 대해서 우리는 그저 희미하고 또 모호한 생각만을 품게 될 것이고, 그렇다면 우리는 그럴싸한 교리적 오류에 빠지거나, 그러한 사상을 가진 사람들의 먹잇감이 될 것이다. 오늘날 세상에는 그러한 사람들이 너무도 많다. 만일 우리가 진리에 충실하기를 바란다면, 우리는 성경을 상고하는 일을 "날마다" 해야만 하는 절대적인 필요성이 있는 것이다.

상고하다(searching)는 단어는 명확한 대상을 전제로 하고 있다. 성경을 그저 많이 읽는 것이 중요한 것이 아니다. 왜냐하면 그렇게 하는 것은 목적 의식이 없기 때문이다. 성경을 읽는 사람이 아무 목적도 없이 읽는다면, 아무 것도 얻지 못한다. 내가 믿기론, 우리 영혼이 어떤 주제에 관심을 가지고, 그에 대해서 주님께 기도하면서 과연 그러한가 하는 간절한 마음으로 성경을 상고하면서 읽을 때, 가장 큰 유익을 얻는다. 우리 대부분의 사람들에게는 신적인 빛을 필요로 하는 영역들이 많이 있다. 우리를 둘러싸고 일어나는 일에는 나름 하나님의 뜻이 있다. 그 모든 일에 대해서 하나님께 묻고 그 해답을 찾아내는 과정이 필요하며, 그 과정을 거치면서 우리의 신앙은 점차 실제적으로 성숙되어 간다. 게다가 성경의 모든 교리를 다 알고 있는 사람도 없다. 신앙생활을 하다보면 좀 더 구체적인 질문들이 생긴다. 이 모든 질문들에 대해서 답을 가지고 있는 사람은 없다. 오히려 직접 하나님께 묻고 해답을 듣는 과정을 거칠 때 성숙한 신앙인이 된다. 이제 신앙이 깊어지면서 성경의 진리들이 경험되기 시작한다. 좌우간 이 모든 일들이 합력하여 우리로 하여금 "성경을 상고하도록" 압박을 가한다.

성경을 상고하는 일은 날마다 해야 하는 것임을 잊지 말자! 나는 모든 독자들에게 성경을 날마다 연구해야 할 필요성에 대해서 강조하고 싶다. 우리는 우리의 지적인 마음을 진공상태로 유지할 수 없다. 만일 우리의 지성이 하나님에게 속한 일들로 채워지지 않았다면, 금새 인간적이거나 세상적인 일들로 가득찰 것이다. 성경을 상고하는 습관은 계속해나갈수록 탄력이 붙을 것이지만, 게을리 한다면 이내 흥미를 잃게 될 것이다. 나는 이렇게 말하는 그리스도인을 알고 있다. '하나님의 말씀을 깨달았으면 좋겠어. 성경을 읽긴 하지만 다른 사람들처럼 흥미를 붙일 수가 없어. 사람들은 말씀을 통해서 자기 영혼이 이렇게 저렇게 복을 받았다고 말하는데, 나는 아무것도 모르겠어.' 나는 그러한 사람들에게 묻고 싶다. '당신은 얼마나 자주 성경을 읽고 있는가? 일주일에 한번? 아니면 한 달에 한번? 성경을 최상으로 읽는 사람은 최상으로 성경이 주는 복을 누리는 사람이며, 최고의 기쁨으로 성경에 다가가는 사람이다. 반대로, 당신이 오늘 성경을 무시하면, 내일은 성경에 대한 맛을 잃게 될 것이고, 그 다음날은 조금 더, 그 다음날은 조금 더, 이런 식으로 성경은 당신에게 완전히 무미건조한 책이 되어갈 것이다. 핵심은 바로 이것이다. 즉 당신은 날마다 성경과 함께 해야 한다는 것이다. 읽는 양이 문제가 아니다. 당신은 어쩌면 그렇게 많이 읽을 수 있는 시간이 없을 것이다. 이제 중요한 것은 읽는 양과 상관없이 날마다 성경을 읽어야 한다는 것이다.

2. "누구든지 내게 들으며 날마다 내 문 곁에서 기다리며 문설주 옆에서 기다리는 자는 복이 있나니 대저 나를 얻는 자는 생명을 얻고 여호와께 은총을 얻을 것임이니라"(잠 8:34,35)

이 말씀에 따르면 만일 당신이

날마다 지혜의 문 곁에서 기다리지 않는다면

당신 영혼은 매우 적은 복만을 누리게 될 것이고, 영적인 성장도 미미할 것이다.

이 성경구절의 중심 사상은 날마다 하나님 말씀을 듣는 일을 애정을 가지고 추구해야 하는 일로 삼으라는 것이다. 그렇지 않으면 당신의 성경읽기는 매우 적은 유익만을 얻게 될 뿐이다. 요컨대, 그리스도께서 당신 마음의 중심을 차지해야 한다는 것이다. 그렇지 않으면 당신은 성경 안에 있는 모든 진리의 핵심을 놓칠 수가 있다. 이 구절이 담고 있는 그림은, 군주 앞으로 나아가 자신의 소망을 아뢸 기회 혹은 특권을 얻기를 소망하면서 왕궁의 문 앞에 날마다 서서 기다리고 사람의 모습이다. 에스더 1장에 보면, 우리는 "왕에게 가까이 하여 왕의 기색을 살피[는]"(14절) 어전 내시 일곱 명을 볼 수 있다. 다른 사람들은 멀리 떨어진 곳에서 왕이 명령하는 것을 듣고 또 왕의 명령을 수행하지만, 이 사람들은 왕의 보좌 곁에 있으며, 왕의 말을 경청한다. 사랑하는 독자들이여, 당신도 이렇게 하고 싶은가? 하나님의 마음에 충만한 기쁨을 드린 영광스러운 주님은 자신의 사랑을 우리에게 주셨다! 주님은 우리 속에 자신의 기쁨을 두신 분으로 자신을 우리에게 계시하신다. 그러한 분이 당신의 마음을 사로잡고 있는가? 당신은 그러한 주님을 기뻐하는가? 당신의 영적인 삶은, 과연 그 주님의 음성을 듣고자 날마다 주님의 문 곁에서 기다리며 문설주 옆에서 기다리는 것으로 습관화되어 있는가? 날마다 영적으로 새롭게 되고 영혼의 강건함을 누리는 비결은 그리스도께서 마음에 거하시도록 하는 것이다. 그리하면 우리 마음은 더욱 그리스도께 매료될 것이며, 더 강렬한 열망으로 그리스도를 알고 싶어 할 것이다. 이제, 사랑하는 자들이여, 이 사실에 우리 마음이 도전을 받도록 하자! 과연 우리는 그리스도를 더욱 깊이 알고 싶어 하는가? 현대 기독교의 가장 커다란 약점은 그리스도를 향한 열정이 거의 없다는 것이다. 오늘날 많은 사람들이 가장 성경적인 복음을 듣고, 그리스도의 위격과 사역을 신뢰하며, 자신들이 결코 멸망하지 않는다는 확신을 성경을 통해서 얻는다. 자신의 구원 문제를 해결한 것으로 만족하고는 영적 잠에 빠져든다. 그리스도를 알고자 하는 진지한 추구, 즉 날마다 그 문에서 깨어 기다리는 일은 없다. 그리스도께서 당신의 마음을 사로잡는 일이 일어나긴 한 것일까? 당신은 그리스도께서 속했다. 당신은 그분의 사랑의 대상이다. 당신은 그분의 소유된 백성이다. 당신의 마음은 그리스도의 소유물이다. 그렇다면 당신의 마음은 그분의 거처가 되었는가? 그리스도의 사랑은 당신의 마음을 그분께 내어드리는 일에 의존하고 있다. 그에 비례해서 그리스도는 "믿음으로 말미암아" 당신 마음에 거하시게 되는 것이다. 만일 그리스도께서 당신 마음에 거하시면, 당신은 날마다 그 문에서 기다리는 일에 의존하게 될 것이며, 그리하면서 그리스도의 유익을 구할 뿐만 아니라, 그분 자신을 열망하면서 또한 그리스도를 인격적으로 깊이 알아가는 가운데 당신의 마음은 날마다 새로운 기쁨을 맛보게 될 것이다.

막달라 마리아를 보라. 마리아는 그리스도를 향한 참으로 아름다운 사랑을 나타낸 표본이다! 사도들은 마리아의 마음을 이해하지 못했다. 그들은 그냥 집으로 돌아갔지만, 마리아는 그럴 수 없었다. 피조물 가운데 최고 수준의 피조물인 천사들이 마리아에게 말했지만, 마리아의 마음을 만족시킬 수 없었다. 마리아는 동산지기로 생각하는 사람을 똑바로 볼 수 조차 없었다. 마리아는 자신을 잊어 버렸다. 참으로 연약하고 자신을 방어조차 할 수 없을 정도로 미력한 여인이지만, 마리아는 "선생님, 당신이 옮겨 갔거든 어디 두었는지 내게 이르소서 그리하면 내가 가져 가리이다"(요 20:15)고 말했다. 하지만 그 사람은 그녀의 헌신된 마음이 그토록 간절하게 열망했던 바로 그분이었다. 마리아는 주님의 문 앞에 서서 그 문설주 옆에서 기다렸던 것이다. 그 결과 주님의 은총을 마침내 얻은 것이 아닌가? 마리아의 가슴에 품었던 것과 같은 하나님을 향한 사랑 이야기는, 인류 역사상 최초의 일이었다.

안드레와 요한은 내가 지금 말하고 있는 것을 어느 정도는 알고 있었다. 사실 "랍비여 어디 계시오니이까?"(요 1:38,39 참조)라는 질문 속에서는 마음의 갈망이 어려 있었다. 그들은 주님의 사람이 되고 싶어 했다. 그들은 자기 시대에 주님의 문 곁에서 기다리며 문설주 옆에서 기다리는 사람이었다. 그들은 어떠한 은혜를 입었는가! "예수께서 이르시되 와서 보라 그러므로 그들이 가서 계신 데를 보고 그 날 함께 거[했다.]"(39절) 그들에게 얼마나 멋진 날이었을까? 그들이 과연 그 날을 잊을 수 있을 거라고 생각하는가? 그렇지 않을 것이다. 그 날은 그리스도를 개인적으로 알게 되는 영광스러운 날이었다. 독자들 가운데에도, 그리스도를 인격적으로 알게 된 날의 기쁨은 그리스도의 십자가 사역을 통해서 구원을 받게 된 날의 기쁨보다 더욱 엄청난 것임을 증언할 수 있는 사람이 있을 줄로 안다. 주님은 이러한 경험을 일시적인 경험으로 끝나길 바라지 않으신다. 그들은 그 날 주님과 함께 거했다. 주님과 함께 거하는 삶, 이것이야말로 우리 그리스도인의 삶을 특징짓는 것이어야 한다. 주님은 비록 이 세상에 더 이상 육체로 계시지는 않지만, 주님은 우리가 주님과 함께 거하기를 바라신다. 그리스도의 사랑은 우리가 그리스도와 함께하는 것보다 더 좋은 것을 알지 못한다. 그리스도의 사랑은 우리 발에 묻은 세상 때를 씻어주는 것으로 나타났다. 그렇다면 헌신된 영혼에게 이보다 더 좋은 그리스도의 봉사와 섬김은 없을 것이다. 이를 통해서 주님이 아버지와 함께 거하시는 곳에 우리도 주님과 함께 있을 수 있다(요 13장). 이제 당신의 마음은 주님의 문 곁에서 기다리며 문설주 옆에서 기다리는 사람의 복됨을 더욱 깊이 갈망하게 되었는가?

바울은 이 일의 또 다른 표본이다. 바울은 주 그리스도 예수를 아는 지식의 고상함 때문에 그리스도를 얻고자 모든 것을 잃어버리고 배설물로 여길 수 있었다. 여기에 도달하고자 그는 오로지 한 가지 목표에 전적으로 사로잡힌 채 전력질주를 했다. 이 말을 달리 표현해보면, 그는 주님의 문 곁에서 날마다 깨어 기다리며 문설주 옆에서 대기하는 상태에 있었던 것이다. 그렇다면 바울은 과연 "주님의 은총을 입었을까?" 그가 입은 은총은 경험적인 측면은 배제된, 그저 "우리의 시민권은 하늘에 있는지라"(빌 3:20)고 말할 정도로 작은 것이었을까? 아니면 경험을 통해서 "어떠한 형편에든지 나는 자족하기를 배웠노[라]"(빌 4:11) 또는 "내게 능력 주시는 그리스도로 말미암아 내가 모든 것을 할 수 있느니라"(빌 4:13)는 어마어마한 것이었을까? 바울은 진정 잠언 8장 34,35절에서 말하고 있는 복이 실제임을 자신의 경험을 통해서 확증하고 있다. 우리 마음이 영광 중에 계신 우리의 찬송을 받으실 주님의 인격에 더욱 많이 이끌릴 수 있기를 바라며, 우리도 잠언의 구절 속에 감춰진 복을 경험을 통해서 확증할 수 있기를 바란다!

3. "내가 날마다 주께 부르짖나이다."(시 86:3)

이제 나는

날마다 기도하는 일의

중요성에 대해서 살펴보고자 한다.

사실 우리 마음을 다해 그리스도를 갈망하는 것에 대해 충분히 고찰하기까지 기도라는 주제를 남겨두고 있었다. 왜냐하면 우리가 실제로 그리스도를 갈망하지 않는다면 우리의 기도를 변화시킬 수 있는 것은 아무 것도 없기 때문이다. 만일 그리스도께서 우리 마음에 열망의 대상이 되셨다면, 우리 앞에는 그리스도를 자기 마음의 열망의 대상으로 삼지 않은 사람들로부터 매우 다양한 방법으로 여러 가지 방해와 어려움이 오는 것을 경험하게 될 것이다. 그렇다면 우리는 정말 기도해야 할 필요성을 느끼게 된다. 찬송 받으실 주님처럼 끊임없이 기도의 영으로 사셨던 사람은 지구상에 한 사람도 없었다. 이는 주님처럼 그 마음이 하나님께 온전히 헌신된 사람이 없었기 때문이었다. 그리스도께서 자신을 전적으로 하나님께 의지했던 것은 이미 하나님께 온전히 헌신되어 있었기 때문이었다. 그것이 바로 하나님을 향한 우리 주님의 헌신의 탁월성이었다. 그리고 그 사실이 주님을 그처럼 탁월한 기도의 사람이 되게 했다. 우리 마음이 영광 중에 계신 그리스도에게 고정되면 될수록 우리는 우리 자신의 연약함을 더욱 느끼며 더욱 의존적인 사람이 될 것이다. 우리는 여기 이 땅에서 모든 것이 우리를 대적하고 있음을 느끼게 된다. 안팎에서 우리를 대적하는 것을 자각하게 되며, 그럴 때 우리는 더욱더 기도의 사람이 된다. 우리는 사도 바울이 다른 성도들 보다 그리스도를 향한 헌신에 있어서 가장 뛰어났다는 사실을 인정할 것이다. 사실 사도 바울만큼 기도의 영으로 흠뻑 적셔진 사람도 드물다. 내가 확신하는 바로는, 우리 마음이 영광 중에 계신 그리스도께 고정되었다면, 그게 사실이라면, 우리는 더욱 무릎을 꿇는 사람으로 나타날 것이다.

당신의 기도생활에 대해서 몇 마디 실제적인 말을 하고 싶다. 단순하게 기도를 읊조리는 무익한 습관을 버리라. 기독교계는 우리 마음을 습관적인 종교적 형식주의에 빠지게 하는 경향으로 가득하다. 매일의 기도 시간에 같은 말을 반복하는 습관에 빠지는 것은 영혼에 커다란 손실이다. 이것은 전혀 기도가 아니다. 우리는 성경에서 "아무 것도 염려하지 말고 오직 모든 일에 기도와 간구로, 너희 구할 것을 감사함으로 하나님께 아뢰라"(빌 4:6)는 구절을 보게 된다. 만일 당신이 매일 그리고 매주 동일한 말을 사용해서 기도하고 있다면 어떻게 이 구절처럼 기도할 수 있단 말인가? 오늘은 어제와 다르고 또 내일은 오늘과 다를 것이다. 당신이 하나님과 실제로 함께 하고 있다면, 날마다 새로운 필요가 샘솟듯 할 것이다. 하나님은 우리가 필요로 하는 모든 필요를 채우시고, 날마다 보호해주시는 일을 기쁨으로 감당하시며, 이 일에 우리가 확신을 가지길 바라신다. 그렇다면 우리가 기도로 하나님께 나아감으로써 연단되었듯이 우리는 자녀들에게도 기도를 통하여 믿음과 확신을 가지도록 그들의 신앙을 계발시켜주어야 할 것이다. 오늘의 힘겨운 상황과 내일의 난관과 당혹스러움을 찬송 받으실 하나님께 가지고 와서, 당신의 염려를 하나님께 던져버리라. 이는 하나님이 당신을 돌보시기 때문이다. 기도는 단순하게 하라. 서문을 짧게 하라. 성경구절을 장황하게 인용하지 말라. 부모에게 확신을 가지고 자신의 필요를 요청하는 자녀처럼 기도하라. 교회의 공적 기도집회에서는 더욱 그리해야 한다. 만일 누군가 명확한 기도 꺼리가 없다면 기도하고자 일어서서는 안된다. 기도 집회에서 종종 경험하는 일이지만, 자신이 기도하고자 하는 명확한 목표도 없이 그저 일어나서, 자기 마음에 떠오르는 모든 주제를 가지고 하나님과 토론하는 식으로 기도하는 사람들이 있다. 이것이 나름 유익한 종교 활동은 될 수 있을지언정, 기도는 분명 아니다.

우리의 시선이 진정 그리스도께 고정되었다면 더욱 깊이 있는 방식으로 의존성을 경험하게 될 것이다. 왜냐하면 우리 믿음은 주님의 이름의 영광과 우리 매일의 삶에서 일어나는 모든 일을 연결시키며, 우리가 이 세상에서 주님을 위해 할 수 있는 일은 오로지 하나님의 능력에 의해서만 유지될 수 있다는 사실에 민감해지기 때문이다. 그런 사람은 헌신되지 않은 사람들이 놓치고 있는 영적인 복락을 맛보며, 그들이 그저 세상 사람들처럼 살고 행동하는 동안, 그런 사람은 하나님과의 교통이 주는 신령한 복을 누린다. 당신의 마음이 그리스도께 고정되면 될수록, 당신은 겸손과 의존성을 가진 사람이 더욱 되어 갈 것이며, 매일의 기도 가운데 그 두 가지 특징이 나타날 것이다.

4. "오늘 우리에게 일용할 양식을 주시옵고"(마 6:11)

여기서 언급하고 있는

매일의 양식은

우리 몸의 필요를 의미하고 있다.

하나님을 알지 못하는 사람들은 그저 먹고 마시고, 옷입는 것만을 추구한다. 그들의 관심은 오로지 몸에 관련된 것뿐이다. 우리는 우리 아버지께서 우리가 이러한 것들을 필요로 하는 것을 아시고, 그 모든 필요의 상세한 것까지 우리를 돌보시는 것을 알기 때문에 기뻐할 수 있다. 하지만 무엇보다 중요한 것은 우리 모두의 영혼이 신령한 양식으로 날마다 만족을 얻는데 있다. 우리 몸에 필요한 양식을 얻는 것이 중요한 일이긴 해도, 우리 영혼에 필요한 신선한 양식을 주님께로부터 얻는 것만큼 중요하진 않다. 독자여, 당신은 오늘 주님께로부터 무슨 새로운 것을 받았는가? '저는 오늘 좋은 책을 읽었고 또 정기 간행물에서 매우 좋은 글을 읽었습니다.' 물론 나는 그런 말 듣는 걸 좋아한다. 하지만 직접 주님께로부터 받은 것은 없는가? '저는 오늘 성경을 한 장 또는 두 장 읽었습니다.' 나는 그렇게 말하는 것에 대해서도 좋게 생각한다. 그럼에도 당신은 당신 영혼이 지금 필요로 하는 것을 주님에게서 아무 것도 받은 것이 없이 여러 장을 읽었을 수가 있다. 읽는 것과 듣는 것은 음식을 다만 보는 것에 지나지 않는다. 그 맛을 직접 보고 또 음미하는 것은 별개의 문제이다. 음식은 욕구 - 느끼는 필요 - 를 충족시켜준다. 식욕(욕구)이 없다는 것은 거기엔 음식에 대한 갈망이 없는 것이다. 하나님의 섭리 가운데 하나는 "그가 사모하는 영혼에게 만족을 주시며 주린 영혼에게 좋은 것으로 채워주[시는데]"(시 107:9) 있다. 우리 영혼이 매일의 양식을 얻는 문제는 순전히 경험적인 측면이다. 게다가 내가 말하는 양식이란 날마다 우리의 경험 속에서 인식되는 필요들이 충족되고 또 우리 영혼의 활동에 따르는 응답이 은혜 가운데 주어지는 것을 의미한다. 당신 영혼이 느끼는 외적인 필요만이 아니라 당신 마음과 정신의 필요까지도 채워지는 것이다.

한두 가지 성경의 예화를 살펴보면 이해하는 것이 좀 더 수월해질 것이다. 애굽에서 유월절이 있었던 밤, 이스라엘 백성들은 어린양의 피를 통해서 안전하게 되었고, 여호와의 말씀을 통해서 확신 가운데 있었다. 그리고 그들은 구운 양고기를 자신들의 양식으로 삼았다. 모형적으로 볼 때, 그들의 영혼은 그리스도의 보배로운 피 속에서 심판으로부터 완전한 피난처를 얻었고 또 하나님의 말씀 속에서 완전한 확신을 가졌지만, 영혼의 갈망, 영혼의 활동, 그리고 영혼의 경험은 무엇이었을까? 그들은 심판에서 벗어났지만, 과연 심판이 얼마만큼 자신들에게 가까운 것으로 느꼈을까? 그들은 자신들이 얼마나 심판 받아 마땅한 존재라는 것을 인식했을까? 참으로 엄숙한 시간이었다. 이스라엘 백성들은 물론 자신들의 안전을 확신했겠지만, 거룩하신 하나님에겐 거룩한 심판이 한쪽에선 집행되고 다른 쪽에선 넘어가는 엄숙한 시간이었다. 여기에 그들의 영혼에 필요한 음식은 없는 것인가? 여기에 현재적 필요를 충족시켜줄만한 것의 은혜로운 공급은 없는 것인가? 사실은 있다. 그들은 불에 구운 어린양을 (쓴 나물과 아울러) 먹으면서 자기 심판을 먹었던 것이다(출 12:8). 마찬가지로 우리는 그리스도께서 하나님의 심판을 온전히 감당하셨다는 보배로운 사실을 우리 자신에게 적용하고 또 도덕적 존재로서 우리 자신에게 받아들임으로써 우리 영혼의 배고픔을 충족시킨다. 우리는 희생양 그리스도의 흠 없는 완전성을 잠잠히 묵상하고, 자원해서 심판을 대신 받으신 그리스도의 사랑을 생각하며, 영원한 속죄를 이루신 그리스도 사역의 무한한 가치를 계산하면서 우리 영혼의 갈증은 해갈된다. 갈보리 언덕을 덮었던 어둠의 의미, 버림받은 자의 울부짖음, 그리고 "다 이루었다"는 승리의 외침은 우리 영혼에게 위대한 사실이 되고 또한 실제가 된다. 우리 영혼은 믿음을 통해서 그 위대한 사실을 개인적 자산으로 소유하게 되고 또한 영혼의 양식으로 삼는다. 나는 우리 모두가 이것을 실제적으로 경험했을 거라고 믿는다!

이스라엘 백성의 또 다른 경험의 단계는 그들의 광야 생활에 있다. 아무 인간적인 자원이 없는 장소에서 그들은 날마다 양식을 얻었고 또 먹었다. 하나님의 구원을 보고 또 믿음으로 그리스도의 죽음과 부활을 통해서 심판의 땅을 벗어난 사람들은 자신들이 광야에 들어온 사실을 알게 되었다. 즉 그들은 날마다 새로운 필요와 활동에 직면해야 하는 장소에, 아무 인간적인 자원이 없는 상태에서 자신들의 필요 혹은 영혼의 활동에 요구되는 것을 충족시켜야 하는 장소에 들어온 것이다. 아, 이스라엘의 왜곡되고 반역적인 성향은 우리의 것과 너무도 똑같았다. 우리 마음은 얼마나 자주 광야의 교훈 받기를 거절하며, 날마다 우리 각자의 영혼이 활동하는 것을 기피한 채, 더 편하고 쉬운 길을 찾기가 일쑤인가! 애굽(세상)에서 사는 동안 우리에게는 영적인 영혼의 활동이 없었고, 그저 우리 자신의 선택을 최고로 생각했다. 하지만 광야로 들어온 지금 우리는 인간적인 자원에 의지해서 살았던 그때의 삶으로 얼마나 돌아가고 싶어 하는지 모른다. 광야는 실로 우리 마음이 어떠한지를 시험하고 배울 수 있는 최적의 장소인 것이다(신 8:2).

그럼에도 만나가 날마다 내렸다. 만일 그들이 날마다 새로운 배고픔이 있었다면, 그들은 날마다 새로운 양식으로 배부름을 경험했을 것이다. 사랑하는 독자들이여, 이것을 알라. 우리가 걷는 믿음의 길에서 날마다 샘솟듯 생겨나는 새로운 필요와 새롭게 다가오는 시련을 위해서는, 우리를 지탱시켜줄 하늘에 속한 은혜를 늘 새롭게 공급받아야 한다. 광야 같은 세상을 살아가는 데 필요한 모든 것을 아시는 분이 계신다. 그분은 친히 이 세상을 통과하셨다. 지금은 영광 중에 계시면서, 우리의 광야 생활에 필요한 은혜를 날마다 공급해주신다. 얼마나 적합한 은혜인지, 진정 광야에서 일어나는 모든 상황과 환경을 아시는 분에게서 오는 은혜이다. 사도 바울은 육체에 있는 가시로 인한 고통에서 벗어나고 싶어 했지만(고후 12장), 가시가 없는 것보다는 있는 것이 더 좋은 것으로 받아들였다. 그리고 가시를 몸에 계속해서 지니는 것 외에 "내 은혜가 네게 족하도다"라는 말씀을 받았다. 이것이 바로 내가 말하고 싶은 하늘로서 내리는 "만나"이다. 나는 당신이 이러한 것에 대해 무언가 알고 있을 거라고 확신한다. 따라서 당신도 가시가 없는 것보다는 고통과 은혜를 아울러 소유하는 것이 무한히 더 좋다고 말하고 싶을 것이다. 이미 말했지만, 이것은 경험적인 측면이다. 우리가 경험적인 것에 이르게 되면, 우리가 어디에 있는지 금방 알아차릴 것이다. 매일의 필요와 고통을 해결하는 일에 교리만으로는 충분한 도움이 되지 않는다. 당신은 그 두 가지를 충족시켜주기 위해서 하늘로서 새롭게 주어지는 공급을 받아야 한다. 당신은 일용할 양식을 받아야 한다. 어제의 경험이 오늘의 당신을 지탱시켜줄 수 없다. 어제의 경험은 결코 오늘을 위한 만나가 될 수 없다. 당신이 필요로 하는 신선한 은혜를 매순간 영광 중에 계신 주님께로부터 받아야 한다. 따라서 우리 마음과 하늘이 연결되어 있는 상태가 늘 유지되어야 하며, 그럴 때 우리의 영혼은 더욱더 우리 주님에게 끌리게 되고, 우리의 공급이 주어지는 원천이신 주님에게 붙잡히게 될 것이다.

우리 모두는 영적인 경험의 여러 단계를 통과했을 것이다. 은혜로 말미암아, 우리는 영혼의 살리심을 받았고, 회심했으며, 예수님을 믿는 믿음에 이르렀고, 그리스도의 죽으심과 부활에 터 잡고 있는 하나님과의 화평 속으로 들어왔다. 하지만 많은 경우 여기서 멈춘다. 그들은 자신들이 필요로 하는 모든 것을 가졌다고 생각하며, 여기서 안주하고는 영적인 잠에 빠져버린다. 그러한 사람들은 회심하지 않은 사람들과 다를 바 없는 삶의 원리를 가진 채 살아가게 된다. 독자들이여, 만일 당신이 인간의 자원이 당신을 지탱해줄 수 없는 광야 길을 받아들였다면, 그래서 당신이 필요로 하는 매일의 은혜를 공급받기 위해서 영광 중에 계신 주님을 계속해서 바라보아야만 하는 장소에 들어섰다면, 과연 그 사실이 이전의 당신의 삶과 지금의 삶 속에 무슨 차이점을 일으켰는가? 그리스도인의 삶은 결코 당신 자신의 자원으로 살아갈 수 없다. 당신이 사용할 수 있는 유일한 힘은 "그리스도 예수 안에 있는 은혜" 속에 있다. 당신은 그것을 매일 그리고 매시간 당신 영혼의 양식으로서 늘 새롭게 받아야 한다. 이 일은 우리를 다람쥐 쳇바퀴 같은 인생의 지루함과 단조로움에서 벗어나게 해줄 것이다. 이러한 삶에는 형식적이고 기계적인 요소는 찾아볼 수 없다. 왜냐하면 날마다 그리스도의 은혜를 새롭게 경험하는 신세계가 열리기 때문이다. 그리스도께서 우리를 향해 관심을 가지고 계시다는 것이 실제적으로 입증이 되면서, 우리 마음은 그리스도께로 더욱 밀착하게 될 것이기 때문이다. 하나님께서 우리가 우리 매일의 필요에 대해서 무감각하지 않고 또 사랑으로 우리 매일의 양식을 기쁘게 공급해주시는 하나님의 현재적 은혜에 무관심해지지 않도록 우리를 지켜주시길 바란다.

5. "아무든지 나를 따라오려거든 자기를 부인하고 날마다 제 십자가를 지고 나를 따를 것이니라."(눅 9:23)

어쩌면 당신은 내가 지금까지 말해온 은혜에 대해서 아는 것이 없다면,

날마다 십자가를 지는 것을

겁낼 수도 있다.

우리로 날마다 십자가를 질 수 있게 해주는 것은 일용할 양식을 먹는 일에 달려 있다. 누가복음 14장에 보면 당신은 먼저 잔치가 있고, 그 다음은 망대를 세우는 일이, 그리고 마지막으로 전

쟁을 하는 순서로 되어 있는 것을 볼 수 있다. 만일 먼저 충분히 먹지 않았을진대, 무슨 힘으로 망대를 세우거나 전쟁을 할 수 있을까? 히브리서 13장 10절에 보면 이와 유사한 사례가 있다. 우선 제단에서 먹고(10절), 그 다음 영문 밖으로 나아가도록 되어 있다. 하나님께서 엘리야를 장거리 여행을 보내고자 하셨을 때 하나님은 우선 그를 먹이셨다(왕상 19:5-8). 당신은 먼저 그리스도에게서 오는 하늘에 속한 은혜로 배부름을 얻어야 한다. 그렇지 않으면 당신은 결코 "치욕을 짊어지고 영문 밖에 있는 그에게로 나갈"(히 13:13) 마음을 가질 수 없을 것이다. 당신이 필요로 하는 모든 공급이 그리스도에게서 온다는 것을 배웠을 때, 당신은 기꺼이 수치와 능욕의 장소에 계신 그리스도에게로 가고자 할 것이며, 그것이 바로 누가복음 9장에서 말하고 있는 날마다 십자가를 지는 일의 결과인 것이다. 당신은 수치와 멸시에 당신 자신을 노출시키는 길에 들어섰다. 만일 어떤 사람이 자기 십자가를 지고 있다면, 세상 모든 사람은 그가 세상과의 관계를 끊고, 가능한 오랫동안 능욕의 자리에 머물 거라고 생각할 것이다. 십자가를 지는 것은 자신이 사람들의 눈에는 추하고 천한 것과 관계하고 있는 사람으로 비춰질 것이라는 오명(汚名)을 받아들이는 것이다. 십자가에 못 박힌 사람은 유대인과 헬라인들에게 가증스러운 존재였다. 우리가 잊지 말아야 할 것은 오늘날 십자가가 명목상으로는 추앙을 받고 있지만, 사람들에게 전혀 받아들여지고 있지 않다는 점이다. 우리가 진정으로 십자가에 달려 죽으신 분에게 진실하다면, 우리는 세상 사람들의 조롱과 멸시의 세례를 받게 될 것이다. 날마다 십자가를 지는 것은 많은 사람들이 생각하듯이 우리 삶 속에서 평범하게 일어나는 시련이나 육체적 고통이 아니다. 이러한 것들은 그리스도인들에게만 해당되는 것이 아니라, 모든 인류에게 공통적인 것이기 때문이다. 날마다 십자가를 지는 것은 그리스도를 날마다 좇으면서 이 세상 사람들에게서 쏟아지는 모든 오명과 비난을 감내하는 것을 기꺼이 받아들이는 것이다.

그리스도를 좇고 그분의 능욕을 지는 일이 육신을 가진 사람에게는 결코 쉽지 않다는 것이 분명하다. 성령께서 하신 말씀들을 기억하는 것이 얼마나 필요한지 새삼 깨닫게 된다. "그리스도께서 이미 육체에 고난을 받으셨으니 너희도 같은 마음으로 갑옷을 삼으라 이는 육체의 고난을 받은 자는 죄를 그쳤음이니"(벧전 4:1) 만일 우리가 그리스도께 진실하고 싶다면, 우리가 이 세상에서 높이 평가하는 것들, 사람의 칭찬과 명예심 등을 포기하는 것도 포함시켜야 한다. 우리의 눈을 그리스도에게서 돌릴 때, 우리는 십자가를 멀리하게 되며, 세상의 비난과 조롱을 피하게 된다. 오래 전에 천로역정을 읽었지만, 여전히 잊을 수 없는 것이 있다. 그것은 크리스천이 만난 가장 지독한 원수는 바로 수치심이었다. 한 위대한 영혼구령자는 수치심을 극복하는 일이야말로 전도지를 나눠주기 전에 우선적으로 치러야 하는 가장 큰 전쟁이라는 말을 했다. 그리스도의 증인으로 사는 것, 그래서 실제적으로 사람들에게 복음을 전하는 일은 무언가를 희생하지 않고서는 가능하지 않다. 만일 당신이 이 일을 육신의 힘으로 하고 있다면, 결국에는 이 일을 놓고 멀리 도망갈 것이다. 사실 그 영혼구령자는 자신의 일을 부끄러워하지 않았다. 하지만, 당신은 당신 자신과 당신의 사역에 대한 사랑이 더 강하다. 참된 증인의 삶은 자신을 부인하는 일과 날마다 십자가를 지는 일이 함께 동반될 때에만 가능하다. 제자의 삶은 결코 육체의 자유와 쾌락을 누리는 길에서는 찾을 수 없기 때문이다. 당신의 눈을 그리스도께 고정하는 한, 육체를 기쁘게 하는 삶이 아니라, 오히려 성령 안에서 행하는 삶을 추구할 것이다. 그렇다면 당신은 당신 마음으로 이렇게 노래를 부를 수 있다.

"나의 구주, 나의 주님. 주님만을 따르게 하소서.
날마다 십자가를 지고 따르게 하소서."

성령 안에서 행하는 하나님의 자녀는 십자가를 무서워하는 것이 아니라, 오히려 십자가를 갈망하는 법이다. 그러한 사람은 모세처럼 "그리스도를 위하여 받는 수모를 애굽의 모든 보화보다 더 큰 재물로"(히 11:26) 여긴다. 이는 상으로 갚아 주실 것을 확신하기 때문이다. 당신이 날마다 십자가를 지는 한, 당신은 주님의 인정을 받기 때문에 현재적인 보상도 아울러 받게 될 것이다.

그리고 이후엔 영광스러운 천년왕국에서 측량할 수 없는 상급을 받게 되고, 당신은 세세토록 기쁨을 금치 못하게 될 것이다. 하나님께서 우리 모든 사람의 마음을 이러한 일에 집중할 수 있게 해주시길 바란다!

6. "오직 오늘이라 일컫는 동안에 매일 피차 권면(격려)하[라.]"(히 3:13)

오늘날 서로 격려하는 일보다 더 중요한 일은 없어 보인다. 사실 우리가 걸어가는 이 믿음의 길에는 그 옛날 이스라엘 백성들이 "길로 인하여" 마음이 상했던 것처럼(민 21:4) 우리 마음을 상하게 하는 일이 너무도 많다. 특히 믿음이 연약한 신자들은

날마다 격려를 받아야 하며,

이렇게 우리 주님을 통해서 매일 피차 격려할 수 있다는 것 자체가 우리에겐 엄청난 특권이다. 많은 영혼들이 신앙을 저버리고 침륜에 빠져있는 것을 볼 때 가슴이 매우 아프다. 그들이 신앙을 포기한 이유가 무얼까? 어쩌면 우리가 주님께 충분히 가까이서 동행하지 않았고, 그래서 충분한 애정을 가지고 주님으로부터 격려의 말을 받아 그들에게 전달하지 않았기 때문일 수가 있다. 노인을 훈계하는 것은 부질없다. 아무리 설교하고 힘을 다

해 설득하려고 해도, 그는 당신이 사용한 모든 펀치를 묵묵히 견디고 승리할 것이다. 당신은 하나님이 성도들 안에 계신다는 사실을 잊지 말고, 다만 격려하는 일에 최선을 다해야 한다. 서로를 도울 수 있는 다른 길은 없다. 모든 성도들 속에 그리스도께서 계신다는 사실에 주목하라. 아무리 연약하고 작을지라도 우리는 그 사실을 생각하고 성도들을 대하기 시작해야 한다. 그 사실에 기초해서 격려하는 일을 시작하라. 내가 의미하는 바를 서신서를 통해서 확인할 수 있다. 갈라디아서를 보자. 그들은 기독교의 근본을 떠날 위기 상황 가운데 있었다. 그래서 바울은 "나는 너희가 아무 다른 마음도 품지 아니할 줄을 주 안에서 확신하노라." (갈 5:10)고 말하고 있다. 우리는 하나님의 관점에서 성도들을 볼 필요가 있다. 그리하면 우리도 발람이 보았던 것처럼 그들이 하나님의 목적과 뜻 가운데 있다는 것을 비로소 보게 되고, 그들 속에서 역사하고 계신 성령의 역사를 의지하게 될 것이다. 만일 우리가 우리 눈으로 보고, 우리 귀로 듣는 것에만 의존해서 그들을 판단한다면 우리 마음은 그들에게서 멀어질 것이 분명하다. 우리는 성도들의 영혼 속에서 역사하시는 하나님의 역사를 의지하면서, 하나님의 사랑을 받는 사람을 대하는 태도로 모든 일에 도움과 격려를 아끼지 말아야 한다. 영혼 속에서 일하시는 성령의 역사가 홍왕해질수록, 그리스도는 육체와 세상을 이기시고 승리하실 것이며, 그리스도께서 우리 마음의 중심을 차지하실 것이다. 이것이 바로 참된 성화의 길이다.

이상과 같은 격려의 사역을 목회자나 말씀의 사역자에게만 해당되는 것으로 생각하지 말라. 성경은 우리가 서로 격려하라고 말하고 있다. 격려하는 일은 공동체 안에 있는 우리 모든 신자들의 서로를 향한 사역이다. 나는 길거리에서 형제를 만나기만 해도 격려를 받는다. 서로에 대한 관심을 나타낼 뿐 아니라 서로를 응원해주는 친절한 말이 오래도록 여운이 남는다. 따스한 온기가 전해지는 악수는 그 자체만으로도 격려가 된다. 사도 바울이 "거룩하게 입맞춤으로 서로 문안하라"고 말했을 때, 그는 그 당시의 인사법을 언급한 것이고 오늘날에는 악수에 해당한다. 우리는 그러한 인사법이 기독교의 존엄성을 어느 정도는 표현하고 있다고 생각할 순 있다. 어쨌든 주님과 친밀한 관계 속에서 동행하기만 한다면, 서로를 격려할 수 있는 방법을 무수히 많이 찾을 수 있다.

서로를 격려하는 일은 날마다 하는 일임을 기억하라. 즉흥적인 일이 되어서는 안된다. 유성처럼 반짝 빛을 내는 것은 쉬운 일이다. 하지만 남을 격려하는 일을 고정된 별자리에서 날마다 빛을 발하는 별처럼 하고자 한다면 우리는 그리스도 안에 날마다 거하는 삶을 살아야 하며, 성령 안에서 행해야 한다. 격려하는 일에 문외한으로 남지 않으려면, 실제로 격려하는 일을 착수해보라. 게다가 "그 날이 가까움을 볼수록 더욱 그리하자."(히 10:25)

하나님께서 우리 마음에 이러한 일들을 새겨주심으로써 주의 재림을 기다리는 진실함으로 그리스도를 위하여 서로를 격려하는 일을 끝까지 해낼 수 있도록 도우시길 바란다!

제 6장 나실인의 서원

민수기 6장

나실인의 서원이란 주제로 들어가기 전, 한 죄인의 구원은 그리스도 자신과 및 완성된 그리스도의 십자가 사역에 기초하고 있으며, 오직 믿음으로만 얻을 수 있다는 점을 분명히 하고 싶다. 신자의 기도, 행위, 자기 부정, 그리고 헌신조차도 자신을 구원하는 일에 조금도 기여하지 못한다. 우리의 구원이 우리 자신에게 달려 있다고 생각해보자. 그렇다면 쉽게 은혜에서 떨어질 뿐더러, 총체적으로 어둠과 불확실성에 빠질 것이다. 하지만 그리스도께서 우리 구원의 알파요 오메가시며, 그리스도의 속죄 사역이 하나님과 우리 영혼 사이를 가로막고 있던 죄 문제를 완전히 해결하셨으며, 그리스도의 피가 모든 죄에서 우리를 깨끗하게 했고, 결코 멸망하지 않을 거라는 약속의 말씀으로 보증하신 선한 목자의 품에 우리가 안겨 있다면, 우리는 아무도 흔들 수 없는 구원의 견고한 반석 위에 서있으며, 희망과 두려움이 교차하는 자리에서 하나님이 주신 확신을 가지고 서 있는 것이다.

중요한 사실이 종종 간과되곤 한다. 즉 구원은 주 예수님의 권리와 연결되어 있다는 점이다. 성경은 "네가 만일 네 입으로 예수를 주로 시인하며 또 하나님께서 그를 죽은 자 가운데서 살리신 것을 네 마음에 믿으면 구원을 얻으리니"(롬 10:9)라고 말하고 있다. 장차 모든 사람이 주 예수님 앞에 무릎을 꿇고 자기 입술로 예수 그리스도는 주님이시라고 고백하는 날이 올 것이다. 하지만 신자는 지금 그 고백을 한다. 머지않아 합법적인 왕이시지만 지금은 거절을 당하고 계신 왕께서 이쪽 바다에서 저쪽 바다까지 강에서부터 땅 끝까지 통치하실 것이다. 오늘날 그리스도의 왕권은 그 이름을 믿는 사람들에 의해서만 인식되고 또 고백되고 있다. 신자가 예수님을 주님으로 고백하는 순간부터 이미 마음 속에 작은 천년왕국이 시작된 것이다.

때때로 예수님이 충분히 주님으로 인식되지는 않고 다만 구주로만 제시되기도 한다. 그런 경우 주님은 우리 인생이라는 배에 선장이 아니라 승객으로 탑승하는 꼴이 될 것이다. 선장은 배의 선수에서 선미까지 모든 권한을 가지고 있다. 배는 선장의 뜻대로 항해하는 법이다(약 3:4). 배에 관한 모든 것과 항해에 관한 모든 것은 선장의 통제 아래 있어야 한다. 이제 우리 각자 다음의 질문에 답해보자. 나는 과연 그리스도를 배의 선장으로 모셨는가 아니면 배의 승객으로 탑승을 허락했는가?

어떤 사람들은, 야곱처럼, 십분의 일을 그리스도께 바친다. 다른 사람들은 더 많이 드린다. 하지만 십분 일이나 십분 구를 그분께 드리는 것은 결단코 그리스도의 권리를 다 인정하는 것이 아니다. 전쟁에서 패하여 함락된 도성의 거주자들은 승전국과 협상을 시도해볼 것이다. 하지만 "협상은 없다. 무조건 항복하라."가 승전국의 답변이다. 만일 우리가 그리스도인의 이름에 걸맞는 사람이 되고 싶다면, 무조건 항복해야 한다. 그리스도와 타협은 없다. 그리스도께는 무조건 항복만 있을 뿐이다. 주님으로서 그리스도의 권리를 존중하라. 아무 것도 유보하는 것이 없는 충성맹세를 드리라!

과연 그리스도는 그럴 만한 가치가 있는 분이신가? 우리를 구원하시기 위해서 무조건적인 항복을 하신 그리스도를 생각해보라! 영광의 주님께서 사망의 진토에까지 자신을 낮추신 것을 보라! 그리스도는 우리를 위해 모든 것을 희생하셨고 또한 우리를 당신의 보배로운 백성으로 삼고자 자신의 생명을 내어놓으셨다. 죽음마저도 불사한 그리스도의 사랑은 그 사랑을 진정으로 깨달은 모든 사람의 마음에 강권하는 능력으로 나타난다. 그렇다면 오로지 불신앙의 완고함만이, 이후로는 다시는 우리 자신을 위하여 살지 않고 오직 주님만을 위하여 살아야 한다는 것의 타당성을 따지고 들 것이다. 우리는 과연 그리스도께서 그 자신을 다 내어주신 것을 믿고 있는 것일까? 그렇다면 우리 자신을 그분께 온전히 내려놓는 것을 어찌 주저할쏜가? 뜨거운 마음으로 이러한 찬송을 불러 보는 것은 어떨까?

> "지극히 높은 하늘보다 더 높고,
> 지극히 깊은 바다보다 더 깊도다.
> 주님, 주의 사랑은 마침내 나를 정복했나이다.
> 이제 나의 사모하는 마음을 받아 주소서.
> 내 속에 나는 없고, 오직 주님만 있게 하옵소서."

이제는 우리 마음에 거래도, 타협도, 유보도 없게 해주시고, 다만 순복하는 마음과 순종적인 마음으로 "주님, 제가 무슨 일을 하기를 원하십니까?"라고 기도하게 해주시길 바란다. 진정 이것이 우리 영혼에서 오늘, 그리고 영원토록 우러나오는 기도가 되길 바란다.

우리 가운데 어느 누구도 우리 죄가 용서되었다는 사실 때문에 우리가 과연 그리스도께 헌신되었는지 아닌지를 알아볼 필요조차 없을 정도로 만족한 상태에 있는 사람은 분명 없을 것이다. 그리스도의 심판대를 잊지 말라! 구원은 받지만 불 가운데서 받는 것 같은 사람들이 있다는 사실을 기억하자! 독자들이여, 우리의 현재적 행복과 하나님 나라에서 미래적 행복은 지금 이 땅에서 그리스도께 충성하는 일에 달려 있다. 하나님께서 우리 속에 참 나실인의 영혼 속에 불타는 거룩한 불을 붙여주시길 바란다!

어느 누구도 억지로 나실인이 되게 할 수 없었다. 주님은 지금도 자원하는 사람을 찾으신다. 나실인은 자발적으로 자신을 주님께 헌신하는 사람이다. 반드시 그렇게 할 필요는 없지만 그럼에도 스스로 자원해서 자신을 주님께 바친 사람이 곧 나실인이다. 은혜가 그 마음에 역사했기에 주님께 자신을 전적으로 드리고 싶어 하는 갈망이 일어난다. 그러면 은혜가 그 헌신된 마음을 표현할 수 있는 길을 예비한다. 오늘날 하나님의 이스라엘에게 가장 큰 필요는 더욱 많은 나실인이 나오는 것이다. 더욱 헌신된 남자와 여자들이 필요하다. 신령한 청년 그리스도인들이야말로 오늘날 세속화된 기독교 세계에 그리스도에 대한 강력한 증거 자체가 된다. 나는 모든 청년 그리스도인들이 자기 마음에 하나님께서 자신에게 맡기신 청지기 직분을 다하고 그리스도의 영광을 위한 일에 자신을 드리는 것을 진지하게 생각해보길 강권하고 싶다. 만일 우리가 그리스도를 위한 일에 대해서 진지한 열망을 품은 일이 없다면, 하나님께서 지금 우리 모두에게 새로운 비전을 주시길 기도한다.

민수기 6장에 보면 다음과 같은 구절이 여덟 번 나온다. 즉

"여호와께(unto the Lord)"

라는 구절이다. 이 구절은 민수기 6장을 여는 열쇠이다.

열쇠는 "율법 아래에"가 아니라 "여호와께"이다. 나실인의 서원을 하는 일에는 강제성, 혹은 율법적인 강압이란 찾아볼 수 없었다. 나실인은 자신을 전적으로 "여호와께" 헌신하고 싶은 열망으로 불타는 사람이었다. 주님 자신과 주님의 사랑을 아는 지식이 아니면 자신을 헌신하도록 그 마음에 감동을 일으킬만한 것이 있는지 나는 알지 못한다. 수십 권의 책을 읽고 또 참으로 아름답고 복된 사역에 대한 간증을 들었어도, 여전히 주님을 하늘 영광 중에 계신 살아계신 분으로 알지 못할 수가 있다. 감히 말하건대, 지금 주님께 온전히 헌신하고자 하는 강렬한 열망에 불타지 않는다면, 영광 중에 계신 주님을 믿음으로 바라보고 또

아는 것은 정말 불가능하다고 말하고 싶다. 당신은 진정 영광의 관을 쓰신 주님, 모든 천사들과 권세들이 절대적인 복종을 바치는 분을, 그럼에도 우리 가련한 마음은 충성을 바칠지 말지를 결정하지 못하고 있는 분을 우리가 제대로 보고 응시할 수 있을 거라고 생각하는가? 당신이 진정 우리를 향한 주님의 사랑의 고통을 증거하는 손과 발과 옆구리를 보았다면, 그분의 영광에 대해서 무관심한 상태로 일관하는 것이 가능하다고 생각하는가? 과연 우리는 천상의 높은 보좌에까지 높이 되신 주님을 바라보면서, 그분의 영광에 합당한 경배를 돌리고 또 주님을 아예 무시하는 세상에 순응함으로써 그분의 이름에 불명예를 초래하는 일을 동시에 할 수 있다고 보는가?

영광 중에 계신 사람이신 그리스도를 바라보는 일은 이 부패하고 하나님 없는 세상을 하찮은 것으로 보게 해준다. 세상 매력에 빠지거나 세상 허풍에 더 이상 속지 않을 것이다. 우리 마음은 이제 '내가 우상과 더 이상 무엇을 하리요?' 라고 말하고 싶을 것이다. 영광 가운데 계신 주님이 우리 영혼을 채우고 만족시키기에 충분할 만큼 밝고 아름다운 우리 마음의 대상이 되시고 또 그렇게 주님을 아는 사람은 이제까지와는 전혀 새로운 삶을 시작할 것이다. 이러한 사람들은 세상에서 자신의 가정을 꾸리고 인생의 목표를 찾고자 모든 힘과 에너지를 다 쓰는 대신에, 민수기 6장에 흐르는 영적인 흐름 - "여호와께" - 을 타기 시작할 것이다. 이것은 여하간 우리 자신을 부인하거나 혹은 우리 자신의 영적인 지위 혹은 명성을 증진함으로써 되는 것이 아니라 무한한 가치가 있는 분을 우리 영혼의 대상으로 삼음으로써 되는 것이다. 그분을 사랑하고, 그분을 위하는 일에 매진함으로써 되는 것이다. 그렇게 하지 않는 것이 오히려 우리 영혼의 고통이 되고, 자신을 부인하는 것이 우리 영혼에게 진정한 행복의 원천이 됨으로써만 가능한 일이다. 내가 담대히 말할 수 있는 것은 주님께 자신을 실제적으로 헌신한 나실인은 자기 부인에 대한 대가로 엄청난 신령한 복과 자기 영혼의 기쁨으로 돌려받는다는 것이다. 이제 독자들이여, 당신은 진정한 나실인이 될 준비가 되었는가! 주님은 그분의 진실한 인격과 사랑으로써 당신에게 호소한다. 당신 마음의 가장 깊고도 가장 큰 열망을 품고서 주님께 전적으로 헌신하라고.

나실인이 하지 말아야 할 일에는 세 가지가 있다. 이 세 가지 금지적인 조항은 자신이 진정으로 "주님께" 헌신되었을 때 자연스럽게 나타나는 결과요 열매이기도 하다.

1. 나실인은 포도주나 포도즙을 마시지 말고 또 포도에서 난 것은 먹지 말아야 했다.
2. 나실인은 머리를 깎아서는 아니 되었다.
3. 나실인은 죽은 시체를 만지거나 접촉해서는 아니 되었다.

나실인은 스스로 자원해서

자기를 부인하는 삶을

살아야 했으며, 오직 주님을 위하여 자신을 기쁘게 하는 일을 삼가야 했다. 성경의 증거에 따르면 "포도주는 생명을 기쁘게 하는 것"(전 10:19)이며 "사람의 마음을 기쁘게 하는"(시 104:15) 것이다. 따라서 포도주는 사람의 마음에 쾌락을 주고 정신을 들뜨게 하는 세상적이고 육신적인 것의 대명사이다. 보통 이스라엘 사람은 포도주를 마음껏 마시고도 선한 양심을 유지할 수 있었다. 하지만 나실인은 달랐다. 주님께 전적으로 헌신하고자 하는 사람은 "포도나무 소산은 씨나 껍질이라도 먹지 말[아야]"(민 6:4)했으며, 포도나무에서 난 것은 포도 한 알 혹은 포도주 한 방울이라도 입에 대서는 아니 되었다.

아, 사랑하는 독자들이여! 오늘날 기독교계 안에서 나실인을 찾아볼 수 없는 시대가 도래했다. 오늘날 기독교 신앙을 고백하는 사람들 가운데서, 자신들이 얻을 수 있는 모든 세상적인 쾌락을 담고 있는 포도주의 마지막 한 방울까지 다 마실 준비가 된 사람들이 너무도 많다. 그들은 포도나무에서 난 것은 그 무엇이라도 - 씨나 껍질이나 그 무엇일지라도 - 먹을 준비된 사람들이다. 이제는 청교도 시대의 엄격한 율법주의는 물러가고, 쾌락과 오락에 물든 무법주의가 들어왔다. 쾌락적 무법주의가 충성스럽지 못한 교회를 통해서 들어와 온통 기독교계를 물들였으며, 이제는 하나님의 백성으로 고백하는 사람들 가운데서 세상적이고 육신적이지 않은 사람을 찾아볼 수 없을 정도가 되었다. 독자들이여, 만일 우리가 주님께 헌신되었다면 야구경기나 축구경기 또는 영화관이나 음악 공연장 등 세속적인 파티 행사 등에는 갈 수 없다는 것을 깨닫게 될 것이다. 게다가 성별된 머리를 더럽히지 않고는 세속적인 문학 작품 등을 읽을 수 없을 것이다. 그러한 것들에 탐닉하게 되면 하나님의 것들에 대한 관심을 잃게 될 것이며, 성경 읽기와 기도 생활은 등한히 하게 되고, 당신의 영적인 기쁨은 사그라질 것이다. 게다가 회개하지 않는다면, 그리스도를 증거하는데 필요한 모든 능력은 상실될 것이다.

내가 이렇게 조금도 주저 없이 말하는 이유는, 우리 가운데 어느 누구도 단순히 허울뿐인 그리스도인이 되는 것을 바라지 않는다고 믿기 때문이다. 앞서 언급한 것들은 당신이 회심한 이래로 아마도 피해온 것들로서 세상적인 것들의 대명사로 불릴만한 것들이다. 어쩌면 우리는 진리의 허리띠로 우리 마음의 허리를 좀 더 세게 동여 맬 필요가 있다. 딱히 죄악된 것으로 볼 수 없는 것들이 많이 있지만, 전적으로 헌신된 사람은 그러한 것들을 멀리 할 필요가 있다. 만일 우리가 회심하기 전의 상태로 살아간다면, 각자 본래 자신의 취향과 성향을 따라 살 것이고, 그대로 우리 삶을 채색해나갈 것이다. 우리는 종종 다양한 동호회 모임에 마음을 빼앗기거나, 아니면 음악, 아니면 문학, 때로는 새로운 기술 혹은 과학 사상 등에 몰입되기도 할 것이다. 나는 결코 이러한 분야에서 사업이나 직업을 가질 수 없다는 뜻이 아니다. 다만 여가 시간에 이러한 영역에서 자기 마음의 쾌락을 추구하는 것을 경계하고 싶은 것이다. 우리는 대개 자신만의 기호(嗜好)가 있기 마련이다. 하지만 경험상 이러한 자신의 기호를 충족시키는 것은 우리 자신의 영적인 삶에 도움이 되지 않는다는 것을 알고 있다. 이 모든 것들은 땅에서 나는 포도의 부산물일 뿐이다. 그 자체로 악한 것은 아니지만 마음을 주거나 또는 거기서 무슨 위안이나 기쁨을 느낄 때면, 그러한 것들은 어김없이 우리를 참된 기쁨의 원천에서 등을 돌리게 만든다. 그러한 것들은 우리 영혼의 중심에서 주님의 자리를 박탈하고, 주님을 우리 마음에서 내몬다. 그렇다면 나실인으로서 자격을 박탈당하게 될 것이다.

한 과부가 몇 년 전 자신의 남편이 살해당한 장소를 지나가고 있었는데, 그 장소를 지나면서 괴로운 심정으로 가득하게 되었다. 그 장소에 아무리 좋은 회사가 들어선다 한들, 어찌 그곳에서 좋은 직장을 구할 생각을 할 수 있는가? 그곳에 아무리 좋은 시설을 갖춘 놀이동산이 생긴들, 어찌 그곳을 즐거움을 얻을 수 있는 장소로 바라볼 수 있단 말인가! 마찬가지로 우리는 이 세상을 우리가 가장 사랑하는 분이 살해당한 곳으로 생각해야 하지 않겠는가? 세상은 주님께 기쁨의 포도주를 드리지 않았다. 다만 신포도주와 쓸개즙을 드렸을 뿐이다. 참 나실인이셨던 주님은 모든 지상적인 기쁨을 마다 하시고 "내가 이제부터 하나님의 나라가 임할 때까지 포도나무에서 난 것을 다시 마시지 아니하리라"(눅 22:18)고 말씀하셨다. 주님의 기쁨은 하늘에서 아버지와 함께 하는 것이었고, 우리도 그 기쁨을 알고 함께 누리게 하고 싶으셨다. 만일 땅의 포도나무에서 난 것에서 돌아서기만 한다면 우리는 그것이 얼마나 엄청난 기쁨인지를 알게 될 것이다.

"당신의 사랑이 포도주보다 더욱 좋습니다. … 우리가 당신으로 말미암아 기뻐하며 즐거워할 것입니다. 우리는 당신의 사랑이 포도주보다 더욱 좋다는 것을 기억할 것입니다."(아 1:2,4, 다비역) 이 고백은 그 마음이 주님께 참으로 밀착된 사람의 영혼이 쏟아내는 사랑의 언어이다. 다윗은 "주께서 내 마음에 두신 기쁨은 그들의 곡식과 새 포도주가 풍성할 때보다 더하니이다"(시 4:7)라고 고백할 수 있었다. 과연 모든 그리스도인의 마음이 이와 같다고 말할 수 있을까! 당신은 주님 안에서 땅의 포도나무가 줄 수 있는 것을 훨씬 능가하는 기쁨의 계절을 맛보고 있는가? 당신은 기꺼이 주님 안에 있는 기쁨을 위해서 땅에 있는 포도나무를 희생할 수 있는가? 그럴 거라는 생각이 들지 않는다. 뱀(사탄)에게 속지 않도록 조심하라. 사탄은 그럴듯한 약속으로 진정 영혼의 만족을 줄 수 없는 것들에게로 향하게 함으로써 우리의 참된 기쁨을 빼앗아간다. 이러한 것들로 우리의 방향을 바꾸면 엄청난 손실을 입게 될 것이며, 진짜 영적인 파국을 맞이하게 될 것이다. 성경은 이스라엘에 대해서 이렇게 말하고 있다.

"내 백성이 두 가지 악을 행하였나니 곧 그들이 생수의 근원되는 나를 버린 것과 스스로 웅덩이를 판 것인데 그것은 그 물을 가두지 못할 터진 웅덩이들이니라"(렘 2:13)

신명기 29장 6절은 이 주제와 연결해서 나에게 많은 교훈을 주었다. "너희에게 떡도 먹지 못하며 포도주나 독주를 마시지 못하게 하셨음은 주는 너희의 하나님 여호와이신 줄을 알게 하려 하심이니라." 광야에서 주님은 자기 백성에게 그것이 생필품이건 아니면 기쁨이건, 오직 자신만이 유일한 자원이고 원천이심을 알리셨다. 이런 차원에서 모든 것이 완전하신 우리 주님은 빵도 거절하시고(눅 4:4), 포도주도 거절하셨다(막 15:23). 주님은 오직 하나님에게서만 지원을 받으셨다. 주님은 자기 하나님 그리고 자기 아버지에게서만 위안과 기쁨을 얻으셨다. 주님은 그렇게 참 나실인이셨다. 주님은 그렇게 이 광야 같은 세상을 통과하는 동안 세상이 주는 위안이나 세상에서 오는 지원을 받지 않고도 우리를 넉넉히 인도하실 수 있다는 것을 입증하신 것이다. 주님이 친히 우리의 빵과 우리의 포도주를 준비해주심으로써 결단코 궁색함이 없게 하실 것이며, 다니엘과 그 세 친구들처럼, 왕의 음식을 먹는 다른 소년들보다 더욱 아름답고 살이 더욱 윤택하도록 해주실 것이다(단 1:15). 마귀는 항상 철저한 그리스도인을 음울한 존재로, 그래서 삶의 기쁨은 전혀 알지 못하는 존재로 그리고자 애쓴다. 그러한 그림의 모든 면면은 거짓일 뿐이다. 대개 사탄이 그리는 그림은 긴 얼굴과 슬픔을 머금은 눈동자이다. 하지만 사람을 진짜 불행하게 만드는 원인은 전심으로 주님께 성별되지 않은 결과라는 걸 알아야 한다.

레위기 10장 9,10절은 이 문제에 대한 또 다른 성경의 제안이다. "포도주나 독주를 마시지 말라 … 그리하여야 너희가 거룩하고 속된 것을 분별하며 부정하고 정한 것을 분별[할 것이다.]" 사람은 영적 능력이 퇴행되지 않는 한, 세상이 주는 기쁨에 빠져 살 수는 없다. 만일 영적인 성장이 이루어지고 있다면, 자신이 혹 악에 빠진 것은 아닌지 즉시 돌아볼 것이다. 만일 매일의 삶의 상세한 부분에까지 경건하게 성찰해보는 일을 하지 않는다면 나태함과 게으름이 찾아올 것이다. 한주 두주 지나면서 세상과 분리된 경계가 점점 모호해질 것이다. 그간 견고하고 특출했던 영적인 특징은 종적을 감출 것이다. 거룩을 향한 추구는 멈추고, 거룩하지 못한 것들에 대한 경계는 흐려질 것이다. 한때 영혼 속에 뜨겁게 불탔던 열정은 사그라지고 뚜렷했던 인생의 목표는 희미해질 것이다. 무척이나 충성스러웠던 성도는 머지않아 자신을 둘러싼 환경에 밀려 표류하게 되고, 더 이상 열심도 없고 기쁨도 없는 상태에 떨어지게 될 것이다. 그렇다면 그는 나실인의 아름다움을 완전히 상실한 것이다.

우리는 예레미야애가 4장 7-8절에서 또 다른 엄중한 경고의 음성을 듣는다. "전에는 이스라엘의 나실인들이 눈보다 깨끗하고 젖보다 희며 산호들 보다 붉어 그들의 윤택함이 갈아서 빛낸 청옥 같더니 이제는 그들의 얼굴이 숯보다 검고 그들의 가죽이 뼈들에 붙어 막대기 같이 말랐으니 어느 거리에서든지 알아볼 사람이 없도다."(KJV 참조) 한때는 사랑스러운 나실인들이 이 정도의 상태에까지 떨어지다니, 얼마나 슬픈 일인가! 이 정도로 망가지고 엉망이 된 나실인을 본 적이 있는가? 그는 전에 참으로 아름다운 헌신과 하늘의 기쁨으로 충만했으며 그리스도를 향한 단순함으로 빛나던 사람이었다. 하지만 모든 것을 잃어버렸다. 이제는 누구도 그에게서 그리스도를 볼 수 없다. 그의 이름은 교적부 어딘가에 있을 것이다. 교회는 그냥저냥 참석하고 있다. 하지만 (영혼구령자로서 그의 모습을) 더 이상 거리에서 볼 수 없다! 직장 동료는 그가 그리스도인인지 조차 모른다. 어쩌면 당연한 일인지 모른다. 왜냐하면 그는 영적인 허수아비 그 이상도 그 이하도 아닌 존재가 되어 버렸기 때문이다. 그처럼 참혹한 상태에 빠진 사람은 영혼들을 그리스도에게로 인도하기 보다는 도리어 그들을 쫓아버린다. 그러한 사람을 경계로 삼아, 당신의 신앙도 파선하지 않도록 조심하라! 나실인이 타락하고 추락하는 경우 십중 아홉은 하늘에 속한 것에서가 아니라 땅에 속한 것에서 쾌락을 추구하면서 시작된다. 그 순간 주님은 우리 마음의 중심에서 경쟁자가 없는 절대적인 자리를 잃게 된다. 이것은 아무리 작고 미세한 것일지라도 금이 가기 시작한 것이다. 그렇다면 사탄은 그 작은 틈을 노리고 결국은 완전히 박살낼 것을 확신하면서, 쐐기를 박아버린다. 이런 경우는 극히 드문 경우이긴 하지만 하나님의 은혜가 회개와 회복으로 이어지지 않는 한, 사탄은 이 기회를 놓치지 않는다. 예레미야가 말하고 있는 나실인들을 보게 되면, 그들은 이제 세상적이고 양심이 화인을 맞고, 불행한 삶을 살고 있다. 그들은 조만간 자기 영혼의 곤고함을 토로하게 될 것이다. 만일 그가 진정으로 회심한 사람이라면, 성령님은 하늘의 기쁨을 주실 수 없고, 그렇다고 세상의 기쁨을 누릴 수도 없게 하실 것이기 때문이다. 따라서 두 세계 모두에서 기쁨을 얻으려 하는 사람은 두 가지 모두를 잃게 된다. 아, 가련한 사람이여! 하나님께서 이러한 사람을 통해서 우리 모두에게 경계심을 갖게 해주시길 바란다!

더럽혀진 나실인에게 닥칠 두려운 결과들은 우리에게 또 다른 경고를 준다. 이로써 우리는 우리 자신의 영적 순결을 지켜야 할 뿐만 아니라 다른 사람에 대한 책임을 다할 필요를 보게 된다. "또 너희 아들 중에서 선지자를, 너희 청년 중에서 나실인을 일으켰나니 이스라엘 자손들아 과연 그렇지 아니하냐…그러나 너희가 나실 사람으로 포도주를 마시게 하며 또 선지자에게 명령하여 예언하지 말라 하였느니라"(암 2:11,12) 그리스도 안에서 어린 신앙을 가진 청년들이 시험에 빠지도록 하는 것은 대부분 명목상의 그리스도인들에게서 온다. 나는 전도유망했던 많은 청년 신자들이 어른 신자들의 그릇된 행동과 행실 때문에 망가지는 것을 여러 차례 보았다. 이런 면에서 "이웃에게 술을 마시게…하는 자에게 화가 있을 것이다.]"(합 2:15) 주의 소자 중 하나를 실족시키는 죄에 대한 주님의 엄숙한 말씀을 기억하라!

2. 우리는 사도 바울의 말을 통해서 나실인의 깎지 않은 머리털이 가진 중요성에 대한 바른 이해를 얻을 수 있다. 즉 "만일 남자에게 긴 머리가 있으면 자기에게 부끄러움이 되는 것을 본성이 너희에게 가르치지 아니하느냐"(고전 11:14) 깎지 않은 긴 머리털을 가진 나실인은 우리의 자연스러운 정서나 본성에 따르면, 부끄러움과 수치를 느낄 만한 상태에 있는 사람이다. 이 사실과 연결해서 히브리서 11장 24-26절을 보자. "믿음으로 모세는 장성하여 바로의 공주의 아들이라 칭함 받기를 거절하고 도리어 하나님의 백성과 함께 고난 받기를 잠시 죄악의 낙을 누리는 것보다 더 좋아하고

그리스도를 위하여 받는 수모를

애굽의 모든 보화보다 더 큰 재물로 여겼으니 이는 상 주심을 바라봄이라." 여기에 하나님의 특별한 섭리로 이 세상에서 높은 신분과 지위를 허락받은 사람이 있다. 그는 확고한 마음으로 자기 수중에 있던 부귀와 권력과 명예를 버렸고, 지극히 천한 신분과 환경 가운데 있는 사람들과 함께 하는 운명을 선택했다! 그는 분명 애굽 사람들에게 웃음거리가 되었겠지만, 그 조롱어린 웃음은 그리 오래가지 않았다. 그들은 결코 세속적인 사람의 눈에는 숨겨진 믿음에 속한 복락을 계산할 수 없었다. 예표적으로 볼 때, 모세는 애굽 사람들에게 참 나실인처럼 머리를 깎지 않은 사람처럼 보였을 것이다. 그렇지만 모세는 그 사실로 인해서 부끄러움을 느끼지도 않았고, 수치스럽게 생각하지도 않았다.

모세처럼 한 쪽을 거절하고 다른 쪽을 선택하는 것은 타협하지 않으려는 불굴의 정신을 요한다. 신약성경은 이것을 "굳건한 믿음"(행 11:23)이라고 부른다. 요나단의 무기를 든 자는 이처럼 마음에 굳건한 결심을 하고 전적으로 헌신되어 있는 종에 대한 좋은 예이다. "무기를 든 자가 그에게 이르되 당신의 마음에 있는 대로 다 행하여 앞서 가소서 내가 당신과 마음을 같이 하여 따르리이다."(삼상 14:7) 그는 결과와 상관없이 자기 주인과 전적으로 하나가 되었다. 이것은, 흔히 사람들이 말하듯, 운명을 시험하는 것처럼 보인다. 이는 두 사람이 하나의 군대를 공격하려고 했기 때문이다. 상식적으로 말하자면, 그들은 틀림없이 실패할 것이고, 심지어는 도륙을 당할 것이며, 운이 좋으면 포로로 사로잡힐 것이 분명했다. 성공의 가능성은 아주 없었다. 전쟁터는 매우 가파른 곳이었고, 험난한 곳이었다. 모든 것이 그들에게 불리했다. 그럼에도 그는 "내가 당신과 마음을 같이 하여 따르리이다"라고 말했다.

이것이 바로 모세를 움직인 정신이었다. 그는 주의 택하신 백성들이 고통스럽게 벽돌을 만드는 것을 보았다. 하나님의 마음이 이처럼 가련한 백성들과 함께 했듯이 모세의 마음도 그들과 함께 했다. 단순히 그들을 불쌍히 생각하고 동정했던 것이 아니라 그들 속으로 들어가 그들의 애환을 함께 나누며 함께 수모를 당했다. 분명 애굽 사람들은 그가 극단적인 선택을 했을 뿐더러 바보처럼 군다고 생각했을 것이다. 애굽 사람의 관점에서 보면 그는 그랬다. 하지만 오늘날 모세는 결코 자신의 선택을 후회하지 않을 것이다. 이제 우리는 이렇게 노래할 수 있다.

"나의 구주되신 주님, 주님만 따르게 하소서.
날마다 십자가를 지고!"

사람이 자기 십자가를 지고 있다면, 모든 사람은 그가 세상과는 이별을 한 사람이라는 것을 알게 되고, 또 세상에 사는 동안 그는 경멸의 대상이 된다. 그런 사람이 세상에서 무엇을 탐내며 또 무엇을 기대할쏜가? 세상을 놀이터로 생각한다면 그저 떠들고 노래하며 지내면 된다. 하지만 세상을 전쟁터로 생각한다면 어찌해야 하는가? 그럴 때 우리는, 진리가 우리에게 아무 것도 요구하지 않을 때에도, 우리는 기꺼이 진리를 위해서 용감해질 수 있다. 영적 군사는 시가지 행군을 할 때 멋지게 보일 준비를 갖춰야 할 뿐만 아니라 적의 포화에도 분연히 맞서야 한다. 시험이 오는 것은 때와 장소를 가리지 않는다. 날마다 집에서, 사무실에서, 매장에서, 작업장에서, 그리고 길거리에서 수만 가지 시험이 다가온다. 과연 우리는 애굽 사람들과 블레셋 사람들과 온갖 종류의 원수들을 대면할 준비가 되었는가? 그리고 충성스러운 정신을 가지고 주님께 "내가 당신과 마음을 같이 하여 따르리이다"라고 말할 수 있는가?

우리는 과연 세상 사람들로부터 오는 조롱과 경멸을 이 세상에서 받을 수 있는 최고의 보화로 여기고 있는가? 성경은 모세가 능욕에 굴복했거나 혹은 능욕을 당할 때 그저 잘 참았다고 말하지 않고, 오히려 그것을 선택했으며 또한 그것을 애굽에 있는 모든 보화보다 더 큰 재물로 여겼다고 말하고 있다. 영적인 억만장자는 다름 아닌 그리스도의 수모를 지는 사람들이다. 장래 하나님 나라가 영광 가운데 임했을 때, 가장 빛나는 면류관은 유명한 사람이 아니라 오히려 평범한 사람들에게 돌아갈 것으로 보인다. 많은 무명의 성도들이 아침부터 저녁까지 그리스도의 능욕이라는 험악한 파도에 직면하고 있다. 오늘날 현란한 사역을 하고 있는 많은 사람들의 경우, 그들은 "잎사귀 외에는 아무 것도" 얻을게 없는 반면, 무명의 성도들의 경우, 오히려 그들은 더욱 풍성한 보상을 받게 될 것이다.

이 주제와 연결해서 떠오르는 성경 구절이 있다. "그런즉 우리도 그의 치욕을 짊어지고 영문 밖으로 그에게 나아가자."(히 13:13) 이 성경구절은 "그에게"라는 중심단어를 사용해서 참 나실인에게 직접적으로 호소하고 있다. 이 구절은 더 좁은 길을 제시하고 있다. 즉 세상을 상징하는 애굽을 떠나는 것이 아니라 소위 하나님의 백성들로 칭하는 진영(the camp)을 떠나는 것이다. 지금은 이 주제를 다루지는 않을 것이지만 오늘날 거대한 기독교계의 진영이 그 당시 유대인의 진영과 동일시되고 있다는 사실만은 언급하고자 한다. 사실 오늘날 기독교계는 유대주의와 기독교의 혼합물이라고 해도 과언이 아닐 정도가 되었다. 그래서 그리스도께 대한 복종은 거의 없고 하나님의 뜻에 대한 순종도 없다. 과거 이스라엘 백성들이 광야에 있을 때, 모세가 이스라엘 백성들이 친 진영 밖에 회막을 지었을 때와 같다. 만일 나실인이 이러한 것들을 못본체 한다면, 주님을 향한 그의 헌신은 진정성이 없을 것이다. 따라서 나실인은 "영문 밖으로 그에게 나아가도록" 부르심을 받았다. 이러한 자신의 행동이 이스라엘의 수천수만의 백성들에게 이해되거나 혹은 칭찬받을 것으로 생각하지 말아야 한다. 어쩌면 수다한 사람들에게 욕설을 들을 수도 있다. 사람들이 자신을 바리새인 또는 편협한 사람으로 비난할 지도 모른다. 어떤 사람들은 독특한 사람, 옹졸한 사람 혹은 극단적인 견해를 가진 사람으로 치부할 것이다. 요컨대, 나실인은 깎지 않은 머리털을 유지하고 "그리스도의 치욕"을 짊어지고 가야만 한다.

사람들이 어떻게 생각할까? 하는 생각이 드는 것은 나실인에 겐 치명적이다. 누구는 어찌 생각할까? 다른 사람들의 생각을 고려하기 시작하고, 사람들을 - 그가 친구이건 아니면 원수이건 간에 - 기쁘게 하는 일에 마음을 쓰면, 그것은 나실인의 머리털이 곧 깎일 것을 의미한다. 그의 영적인 능력이 사라지게 되고, 블레셋 사람들이 다가오는 것은 곧 재앙을 의미하게 될 것이다.

헌신된 그리스도인은 세상 사람들의 눈에, 육신적인 신자들의 눈에 바보처럼 보일 것이다. 그러한 사람은 알 수 없는 힘에 이끌려 사는 사람이다. 그는 어떠한 형태의 가시적인 보상도 받지 못한 채 손실만 당하는 사람이다. 그는 계속해서 그리고 고요하게 모든 사람들이 가는 방향과는 반대 방향으로 가는 사람이다. 그는 다른 모든 사람이 좇는 이익을 거절한다. 그는 세상 사람들에게 신화처럼 보이는 분의 영광만을 위해서 자신의 시간, 자신의 재능, 그리고 자신의 모든 수단을 동원해서 섬긴다. 한 마디로 하자면, 그는 "주님에게 사로잡힌" 삶을 살며, "그리스도의 이름을 위하여" 기꺼이 바보가 되는 사람이다.

3. 마지막으로, 나실인은 어떠한 상황에서도, 죽은 시신을 만져서는 안된다. 이 주제와 연관해서 로마서 8장 12,13절을 읽어보자. "그러므로 형제들아 우리가 빚진 자로되 육신에게 져서 육신대로 살 것이 아니니라 너희가 육신대로 살면 반드시 죽을 것이로되 영으로써 몸의 행실을 죽이면 살리니" 이 성경구절은 참으로 엄중한 말씀이다. 이는 육신에 있는 사람은 하나님을 위한 삶을 절대적으로 살 수 없다는 사실을 보여주기 때문이다. 로마서 7장의 고통스러운 경험을 통해서 배운 교훈은 "내 속 곧 내 육신에 선한 것이 거하지 아니하는 줄을" 알게 된 것이며, 따라서 이 사실을 깨우치게 된 영혼은 고통스럽게 "오호라 나는 곤고한 사람이로다 이 사망의 몸에서 누가 나를 건져내랴?"고 부르짖게 된다. 나는 이 구절을 보면서 죽은 시신에 함께 동여매지는 끔찍한 형벌을 받고 있는 죄수를 떠올렸다. 이런 식의 형벌을 받는 사람은 죽기 전에는 결코 자신의 힘으로 풀려날 수 없었다. 그렇다면 사도 바울이 그토록 해방받기를 갈망했던 사망의 몸은 무엇이었을까? 바로 육신에 속한 사람으로서의 자신이었다. 그는 헛되이 해방받기를 소망한 것이 아니었다. 육신에 있는 사람으로서의 자신, 즉 사망의 몸에 있는 자신을 포기했을 때, 그는 비로소 자신 밖에서 오는 해방을 바라 볼 수 있었고, 즉시 "우리 주

예수 그리스도로 말미암아 하나님께 감사하리로다"라고 외칠 수 있었다. 그는 사망의 심판이 십자가에서 자신에게 이미 임했고, "그리스도 예수 안에" 있는 자라는 새로운 입장에 들어갈 수 있는 완전한 자격을 주는 은혜가 임한 것을 보았다. 생명과 자유의 문이 자신에게 열린 것이다. 따라서 "이제 그리스도 예수 안에 있는 자에게는 결코 정죄함이 없[다.]"(롬 8:1) 이와 함께 성령을 통해서 능력이 임했다. 따라서 육신에서 벗어나 그리스도 안에 있게 된 이 사람은 "생명의 성령의 법이 죄와 사망의 법에서 나를 해방하였음이라"고 말할 수 있게 되었다.

그렇다면 이제 참 나실인은 자신 속에 있는 육신에게서

도덕적으로 분리된 삶을 살아야 한다고

말한다고 해서 신비적이거나 몽상적인 생각으로 받아들이지 말라. 이것은 사실 "너희가 육신대로 살면 반드시 죽을 것이로되"(롬 8:13), "자기의 육체를 위하여 심는 자는 육체로부터 썩어질 것을 거두고"라는 성경의 진리를 매우 실천적인 방법으로 진술한 것뿐이다. 세속적으로 변질되지 않았다면 도덕적으로 육신적인 사람이 될 수는 없는 법이다. 성령님은 육신과는 영원한 전쟁을 벌이신다. 따라서 성경은 우리가 만일 성령을 따라 행하면 육체의 욕심을 이루지 않을 것이라고 말하고 있다(갈 5:16). 성령님은 우리 속에 내주하심으로써 전에 우리가 육신에 있을 때 우리로 종노릇하게 했던 "죄와 사망의 법"에서 자유를 누리도록 해주신다. 그리스도인이 육신을 따라서 생각하고 말하고 행동할 때, 그는 자신을 사망 아래 있는 사람 - 그래서 하나님은 그 사람을 십자가에서 처리하셨다 - 으로 실제적으로 인정하는 셈이다. 그럴 때, 예표적으로 보자면, 그리스도인은 시신을 만지는 것이며, 머리에 삭도를 댐으로써 자신의 성별을 무효화시키는 것이다. 누구든지 하나님 앞에서 자신을 사망이 지나간 사람처럼 여긴다면, 그 사람은 사망과 부패만을 거둘 뿐이다. 우리가 반드시 배워야할 중요한 사실은, - 어떤 사람들의 경우에는 참으로 오랜 시간이 걸린다 - 육신을 따라 살아서는 안된다는 것이다. 그렇게 하는 것은, 영혼 속에 영적 어두움을 불러들이는 것이며, 마음에서 하늘의 기쁨을 빼앗기는 것이며, 양심의 송사를 불러 일으켜 괴로움을 당하는 일이다. 독자들이여, 더 이상 "죽은 시신"을 끌어안거나 그것을 살리려고 하지 말라. "그리스도 예수의 사람들은 육체와 함께 그 정욕과 탐심을 십자가에 못 박[은]"(갈 5:24) 사람들이다.

만일 우리가 우리 속에 있는 육신의 악함과 천함을 인정하지 않는다면, 잊지 말아야 할 것이 있는데, 그것은 바로 육신은 도덕적인 모습과 종교적인 모습을 동시에 가지고 있으며, 이 두 가지 행태 모두가 참 나실인을 타락시키는 것으로 역사한다는 점이다. 우리는 종종 사울처럼 "가치 없고 하찮은 것"은 진멸시키되, 아말렉 사람의 "가장 좋은 것"과 "모든 좋은 것"은 아끼고 싶어 한다(삼상 15:9). 성령으로 시작했던 갈라디아 사람들은 육체로 온전케 되고자 했다. 어떤 사람들은 할례를 행하고 또 율법을 지켜야 한다고 계속해서 주장했다. 그들은 율법에서 정한 날과 달과 절기와 해를 지켰고, 종교적인 방식을 통해서 육신을 자랑하고자 했다. 그들은 육신의 "죽은 시신"에 접촉을 하고자 시도했던 것이다. 하지만 바울은 그렇게 하는 것은 더럽힘을 받는 것이라고 매우 강한 어조로 말했다. 바울은 그렇게 하는 사람들을 "교란 당한 사람"(갈 1:7) "꾐에 넘어간 사람"(갈 3:1), "어리석은 사람"(갈 3:3), 그리고 "다시 약하고 천박한 초등학문으로 돌아가서 다시 그들에게 종 노릇 하려"(갈 4:9) 하며, "은혜에서 떨어진"(갈 5:4) 사람들로 불렀다.

골로새인들도 누가 철학과 헛된 속임수로 노략질을 함으로써 사람의 유전과 세상의 초등 학문을 좇고 그리스도를 좇지 못하게 하는 일에 대해서 경고를 받았다(골 2:8). 그래서 그들은 "너희가 세상의 초등 학문에서 그리스도와 함께 죽었거든 어찌하여 세상에 사는 것과 같이 의문에 순종하느냐?"(골 2:20)는 질문을 받았다. 따라서 바울은 그들에게 영적인 할례에 대해서 설명을 해주어야만 했다. 곧 영적인 할례란 "그리스도의 할례를 통해서 육적 몸을 벗는 것"(골 2:11, KJV 참조)이었다. 기독교는 육신을 교육하는 것도 아니고, 육신을 개혁하거나 꾸미는 것도 아니라, 그리스도 예수 안에서 새로운 피조물이 되는 것이다. 만일 누군가 종교적인 직분을 가지고, 종교적인 옷을 입고, 심지어는 노란색 나비 넥타이를 매고 있다면, 당신은 그가 죽은 사람인지 아닌지 확신할 수 없을 것이다. 하지만 자세히 살펴보면 그는 새 피조물의 원리를 따라 사는 것이 아니라, 회심하지 않은 사람이 사는 것과 동일한 원리를 따라서 살고 있다. 그러한 사람이 자신 있게 내세울만한 것은 어떤 나쁜 일을 "붙잡지도 말고 맛보지도 말고 만지지도 말라"는 것이다. 하지만 그가 자신을 계명 아래 두었다는 사실 자체만으로도 그는 육신에 있는 사람에게 적용되는 옛 계명 아래 있는 사람인 것을 알 수 있다. 비록 그가 그러한 계명에 따라 살지라도 그는 결코 하나님을 위한 삶을 살 수 없을 뿐더러 참 나실인의 삶을 살 수 없다. 육신은 그럴듯한 약속의 말을 하지만, 결코 선한 것을 낼 수 없다. 다만 더러운 것, 즉 사망과 부패만을 낼 수 있을 뿐이다.

그렇다면 무슨 영적인 능력으로 나실인은 육신에 있는 사람으로서 이전 자아의 죽은 시신에게서 자신을 지킬 수 있는가? 오로지 하나님의 영으로써만 가능하다. 만일 우리 속에 성령님이 계시지 않다면, 혹은 계시더라도 성령님을 근심시켜드리고 있다면, 육신을 따라 사는 삶에서 우리 자신을 지킬 수 있는 것은 아무 것도 없게 된다. 우리는 자연스럽게 한쪽 방향으로 계속 나아가는 경향이 있다. 따라서 "죄와 사망의 법"에 매인 우리를 자유롭게 하는 데에는 "그리스도 예수 안에 있는 생명의 성령의 법"의 반작용이 절대적으로 필요하다. 신령한 나실인은 성령 안에서 행하는 것 외엔 달리 죽은 시신을 멀리 할 수 있는 능력이 자기 속에 없다. 절대 없다. 이 사실이 가지고 있는 그 중요성과 엄중성을 깨닫길 바란다. 하나님께서 독자들의 마음에 깊이 새겨 주시길 바란다. "영으로써 몸의 행실을 죽이면 살리니"(롬 8:13) 오직 성령님을 통해서만 우리는 몸의 행실을 죽일 수 있고, 육체가 가지고 있는 육신적이고 율법적인 성향 모두에서 우리를 지킬 수 있다. 육신은 음란성과 제멋대로의 방종의 특징을 가지고 있을 뿐만 아니라 모범적이고, 절제되고, 금욕적인 특징도 가지고 있음을 잊지 말아야 한다. 하지만 육신은 육신일 뿐이다. 육신은 항상 하나님의 영에게 속한 것을 대적한다. 육신이 좋게 보이면 보일수록, 더욱 끔찍스럽다. 영국에서 비국교도들은 사역을 준비하는 과정에서 인간의 지성 계발을 가장 중요한 과목으로 설정하는 데까지 나아갔다. 그 결과는 어땠을까? 수년 동안 하나님의 진리를 신실하게 설교하던 모든 강단이 고등비평의 산실이 되었다. 반대로 퓨지주의의 영향을 받은 영국 국교회는 사람의 종교 심리 계발을 주창하는 곳이 되어 버렸다. 그 효과는 어땠을까? 영국 국교회란 이름만 빼놓고 모든 것을 교황주의로 바꾸어버렸다. 둘 다 육신에 씨를 뿌렸고, 육신으로부터 썩어진 것을 거두었다. 합리주의는 이성적 존재인 사람에게 호소하고,

의식주의는 종교적 존재인 사람에게 호소한다. 둘 다 중요한 사실, "육신에 있는 자들은 하나님을 기쁘시게 할 수 없[다]"(롬 8:8)는 것을 간과하고 있다. 둘 다 나실인의 정결을 더럽힐 뿐인 "죽은 시신"에 매달리는 것이다.

기독교계에 전반적으로 일어난 일이, 만일 우리가 성령을 좇아 행하지 않고 또 그리스도 예수 안에서 하나님을 위하여 살지 않는다면 우리 자신의 삶의 영역에서도 일어나게 될 것이다. 하나님께서 우리를 육신의 방종과 육신의 지혜와 육신의 종교성으로부터 지켜주시길 빈다! 하나님께서 성령님을 통해서 우리의 도덕성이 "죽은 시신"에 의해서 더럽힘을 받지 않도록 지켜주시길 빈다!

그렇다면 만일 나실인이 더럽혀졌다면 어찌해야 하는가? 하나님의 은혜가 이 모든 가능성을 미리 예견하고, 그에 필요한 모든 것을 준비했다는 사실을 알게 될 때 우리는 감사한 마음을 가질 것이다. 그럼에도 우리 가운데 어느 누구도 그런 일의 심각성과 그런 일이 생기는 것을 가볍게 생각해서는 안될 것이다. 사실 성경은 나실인이 자신을 더럽힌 결과에 대해서 매우 엄중한 교훈을 주고 있다.

더럽혀진 나실인은, 소위 다시 시작해야 한다. 그는 자신의 머리를 밀고, 속죄제, 번제, 그리고 속건제를 주님께 드려야 했다. 우리의 헌신된 머리가 더럽혀졌다면, 우리는 모든 복의 기초로 돌아가서 우리의 도덕성을 회복시키고 다시 시작하기 전까지 영적 회복이란 없다. 우리가 죄와 심판에서 자유를 얻고 또 하나님이 나를 받아주셨다는 확신을 가질 수 있는 유일한 근거는 그리스도의 죽으심에 있다. 죄와 심판에 대해서 양심의 자유를 얻고, 우리를 다시 받아주셨다는 믿음을 회복하는 데에는 그리스도의 희생이 가지고 있는 무한한 가치에 대한 믿음을 회복할 필요가 있다. 이러한 믿음을 가지는 것은 그 자체로 복을 받는 길이기도 하지만, 여전히 우리 마음의 깊은 찬양과 경배를 불러일으켜준다. 이렇게 함으로써 우리는 우리 죄를 제거하고 심판에서 벗어나게 해주신 그리스도 덕분에 하나님의 존전 앞으로 더욱 가까이 나아가게 되면서, 다른 한편으론 우리 마음은 가장 깊은 회개에 이르게 된다. 당신은 하나님의 아들, 그분의 목숨이 희생됨으로써 우리가 얻게 된 이 모든 것들을 새롭게 발견하게 되는 일을 작은 일로 생각하는가?

한 가지 더 있다! "자기 몸을 구별한 때에 그 몸을 더럽혔은즉 지나간 날은 무효니라"(민 6:12) 참으로 엄숙한 일이 아닌가? 나실인이 자신의 성결을 오래 유지했을수록, 자신의 성결을 더럽힌 일은 더욱 치명적인 것이 된다. 내가 믿기론, 우리가 오래도록 한 방향으로 간 경우, 방향 전환을 하는 일은 매우 곤혹스러운 일이 된다. 도덕적으로 바로 잡을 시간이 더 많이 필요해진다. 어쩌면 몇 날, 몇 달, 몇 년 동안 영혼의 고뇌 가운데, 어쩌면 평생에 걸친 교정이 필요할 수도 있다.

주님이 우리 마음을 주님 자신에게로 향하게 해주시고, 우리의 헌신을 더럽힐 수 있는 것들에 대한 경고를 마음에 새길 수 있게 해주시길 빈다. 우리가 그리스도께 전적으로 헌신할 수 있다는 것은 매우 가치 있는 일이다. 이에 대해 장래 상급으로 갚아주실 뿐만 아니라, 현재적인 신령한 복으로 복 주시는 일도 있다. 이제 마지막으로 살펴볼 것은, 헌신된 사람에게 구약성경이 줄 수 있는 가장 영광스러운 축복의 기도이다.

"여호와는 네게 복을 주시고 너를 지키시기를 원하며 여호와는 그 얼굴로 네게 비취사 은혜 베푸시기를 원하며 여호와는 그 얼굴을 네게로 향하여 드사 평강 주시기를 원하노라 할지니라." (민 6:24-26)

헌신된 사람은 항상 번성하고 행복을 누린다. 물론 이것은 영적인 복을 의미한다. 그는 자신의 물질과 모든 수입의 첫 열매로 주님을 영광스럽게 해드리며, 그 결과 자기 집의 곳간에는 양식이 넘치고, 술틀에는 새 포도주로 넘친다. 당신의 우울한 얼굴, 긴 얼굴은 온전한 그리스도인의 얼굴이 아니다. 주님을 경외하는 마음을 가지고서도 자신의 새긴 우상을 섬기는 사람은 두 세계에서 모두 성공하려는 사람이며, 육신의 원리를 따라서 독실한 신앙생활을 하려는 사람이다. 그러한 사람은 "그리스도인은 새로운 세계에서 사는 새 사람"이라고 루터가 정의한 그리스도인의 진실을 배운 적이 없는 사람이다. 어쨌든, 그러한 사람들은 실제적으로 새 사람이 된 적도, 새로운 세계에서 살아본 일도 없는 사람일 것이다.

민수기 5장은 우리에게 의심의 쓴 물에 대해서 일러주며, 정결을 더럽힌 사람에게 저주가 임하는 것으로 마친다. 하지만 민수기 6장은 자기 몸을 구별하여 드린 신실한 사람에 대해서 설명하면서, 그러한 사람에게 임하는 복으로 마친다. 이것은 우리에게도 마찬가지이다. 우리는 하나님의 치리하는 손 아래서 날마다 저주 아니면 복을 거둔다.

"스스로 속이지 말라 하나님은 만홀히 여김을 받지 아니하시나니 사람이 무엇으로 심든지 그대로 거두리라 자기의 육체를 위하여 심는 자는 육체로부터 썩어진 것을 거두고 성령을 위하여 심는 자는 성령으로부터 영생을 거두리라"(갈 6:7,8)

제 7장 굳게 서라

고전 16:13, 갈 5:1, 빌 1:27, 4:1

사랑하는 독자들이여, 우리 영혼이 기독교의 가장 근본적인 실체로부터 멀어지게 하는 엄청난 힘의 역사가 있다는 사실에 주의할 필요가 있다. 우리의 타고난 성향은 하나님에게 속한 것으로부터 멀어지게끔 작용하고 있다. 따라서 우리는 성경에서 "굳게 서라"는 권면을 반복해서 볼 수 있다. 만일 우리가 들어간 그리스도인의 참된 지위와 우리의 복된 기쁨에서 떨어질 위험이 없다면 그러한 권면들은 아무 의미가 없을 것이다.

이런 말을 한다고 해서 신자들이 구원을 잃어버릴 수도 있다고 말하는 것으로 여기지 말라. 주님은 확실하게 한번 구원받은 사람은 영원히 구원받았다고 말씀하셨다. "내가 저희에게 영생을 주노니 영원히 멸망치 아니할 터이요." (요 10:28) 그럼에도 이 땅에서 살아가는 우리 그리스도인의 삶에서 우리는 영적인 기쁨을 잃을 수 있고, 우리를 구원하신 하나님의 목적은 이루어지지 않을 수 있으며, 우리 속에서 역사하시는 성령의 역사는 방해를 받고 또 약화될 수가 있다. 결과적으로 말해서, 만일 우리가 굳게 서지 않는다면 우리의 영혼은 약해지고 또 가난해질 수밖에 없다.

"믿음에 굳게 서[라]" (고전 16:13)

고린도교회에는 주님으로부터 책망과 교정을 받을 필요가 있는 많은 근심스러운 일들이 있었고, 믿음에 굳게 서는데 실패한 신자들도 있었다. 만일 성도들이 하나님의 영의 능력에 의지해서 믿음에 굳게 서있었더라면 종파주의, 율법주의, 육신성 등이 교회 안에 들어올 수 없었을 것이다.

그리스도인 믿음의 두 가지 중요한 부분을 소개하기에 앞서 고린도전서에서 두 구절을 소개하고 싶다. 물론 이처럼 중요한 주제와 연관해서 다른 여러 성경구절들을 인용할 수 있겠지만, 이 두 개의 구절만으로도 충분하다고 본다.

"내가 받은 것을 먼저 너희에게 전하였노니 이는 성경대로 그리스도께서 우리 죄를 위하여 죽으시고 장사지낸 바 되었다가 성경대로 사흘 만에 다시 살아나사"(고전 15:3,4)
"너희는 하나님께로부터 나서 그리스도 예수 안에 있고 예수는 하나님께로서 나와서 우리에게 지혜와 의로움과 거룩함과 구속함이 되셨으니 기록된 바 자랑하는 자는 주 안에서 자랑하라 함과 같게 하려 함이니라"(고전 1:30,31)

그리스도인의 믿음에서 첫 번째 신조는 "그리스도께서 우리 죄들을 위하여 죽으셨다"는 것이다. 다른 성경구절들은 "그리스도께서 우리의 범죄함을 위하여 내어줌이 되었고"(롬 4:25), "그리스도께서 친히 나무에 달려 그 몸으로 우리가 지은 죄들을 감당하셨으며"(벧전 2:24), "그리스도는 친히 우리의 죄들을 제거해주셨고, 자신의 몸으로 한 영원한 제사를 드리심으로써 우리의 죄 문제를 총체적으로 또한 영원히 해결해주셨다"(히 10:10-14)고 말한다. 하지면 여기서 특별히 강조되고 있는 사실은 "그리스도께서 우리 죄들을 위하여 죽으셨다(DIED)"데 있다. 그리스도께서 우리의 죄들을 감당해주시기 위해서는 우선적으로 사람이 되시고 또 우리와 같은 혈과 육에 참여하는 일이 절대적으로 필요했다. 비록 그분에게는 아무 죄의 흔적도 없었고 사망을 당할 수도 없었지만, 완전한 은혜로 성육신하신 것은 우리가 지은 죄들을 제거해주시고 또 우리를 위해서 죄가 되시고자 함이었다. 이 일은 자신의 목숨을 내어놓으심으로써만 가능했다. 그리스도는 우리의 죄 문제를 해결해주심으로써 하나님을 영화롭게 해드렸고, 그 모든 죄들을 대속(代贖)해주시기 위해서 자신의 생명을 내놓으셨다. 그래서 성경은 "피 흘림이 없은즉 사함이 없느니라"(히 9:22)고 말하고 있다. 죽음이 없었다면 죄들을 제거할 수 없었다. 죄들을 대속(代贖)하려면, 바로 생명이 희생되어야 했다. 그럴 때 총체적인 죄 문제가 해결될 수 있었다. 그래서 "그리스도께서 우리 죄를 위하여 죽으신 것이다."

그리스도는 장사되었고, 삼일 만에 다시 살아나셨다. 죄들을 속량하시고, 그 죄들을 위하여 죽으신 후, 그리스도는 죽은 자들 가운데서 살아나셨다. 그리스도는 이제 더 이상 죄들을 감당할 필요가 없으며 또 사망과 심판 받을 필요가 없는 상태로 세세토록 살아계신다. 우리가 지은 죄들에 대한 형벌을 대신 받으신 후, 그리스도는 부활하신 분으로서 한 점 흠이 없는 상태에서 거룩한 빛 가운데 계신 하나님의 존전(尊前)으로 들어가셨고, 하나님은 그리스도께서 영광 가운데 계신 것처럼 신자들을 죄 문제가 완전히 해결된 상태로 받아주신다. 이것이 바로 칭의(稱義,

justification)이다. 주 예수님은 "우리를 의롭다 하심을 (즉, 우리의 칭의를) 위하여 살아나셨[다.]"(롬 4:25) 하나님 앞에 한 사람이 있다. 그는 아무 흠도 없고, 아무 송사거리도 없다. 하나님과의 사이에 구름 한 점도 없고 영원한 용납을 받으신 분이다. 우리의 모든 죄들을 처리하셨고 제거하심으로써 하나님께 완전한 만족을 드리셨다. 우리는 바로 그분 안에서 죄 문제가 완전히 해결된 상태로 하나님 앞에 있다. 이 사실을 마음으로 알게 되면 우리는 하나님과의 사이에 구름 한 점 없이 맑은 하늘을 가지게 되고, 변함없는 평안을 누리게 된다.

"그러므로 우리가 믿음으로 의롭다 하심을 얻었은즉 우리 주 예수 그리스도로 말미암아 하나님으로 더불어 화평을 누리자"(롬 5:1)

이 장의 초반부에 소개되어 있는 구절들은 우리에게 그리스도인 신앙의 또 다른 매우 중요한 부분을 알려준다. 많은 영혼들이 하나님 앞에서 온전한 안식을 누리지 못하고 있다. 왜냐하면 그들은 그리스도께서 자신들을 위한 모든 것이 되어주신 사실과 자신들이 하나님의 존전에 들어갈 수 있는 것은 오직 "그리스도 예수 안에" 있는 자가 되는 것임을 보지 못하고 있기 때문이다. 누군가 나에게 혼합된 관점에 대해서 말해주었다. 하나의 그림은 빛이 사라져가는 상태를 그린 것이고, 다른 그림은 새로이 빛이 들어오는 상태를 그린 것이다. 하지만 그 중간 그림은 모든 것이 혼돈되고 흐릿한 상태이다. 마찬가지로 신자도 자신을 불신하기 시작했고 또 자신에게서 온전한 만족을 얻지 못하고 있지만, 그럼에도 아직 자신을 온전히 포기하지 않은 상태에 있을 수 있다. 그리스도는 그들의 믿음과 마음 가운데서 자리를 잡아가고 있기는 하지만, 그럼에도 그들은 아직 "그리스도 예수 안에" 있다는 것이 무엇인지를 모르고 있고, 그리스도께서 자신들에게 "지혜와 의로움과 거룩함과 구속함이" 되신 것이 무엇인지 모르는 상태에 있다(고전 1:30). 만일 당신이 육신에 있는 사람이며, 육신은 하나님의 심판의 대상 외엔 아무 것도 아니라는 사실을 당신의 영혼 속에서 참으로 깨닫기 전까지, 참 그리스도인의 경험과 기쁨은 결코 맛볼 수 없을 것이다. 당신에게 이 말은 가혹하게 들릴 수 있지만, 이것은 사실 그리스도 안에 있는 완전한 안식과 충만한 기쁨을 누리기 위해선 필수불가결한 과정이다.

장성한 사람이 되는 데에는 두 가지가 필요하다. 곧 지혜와 힘이다. 만일 이 두 가지를 상실하게 되면, 보잘것없는 사람이 될 것이다. 만일 독자들이 이 책을 쭉 읽어왔다면 하나님께서 육신에 있는 사람을 철저히 배격하시고, 육신에 있는 사람의 지혜와 힘을 무력화시키신 것을 보았을 것이다. 고린도전서 1장 17-29절을 보라. "아무 육체라도 하나님 앞에서는 자랑할 수 없다." 이 사실은 십자가를 통해서 온전히 입증되었다.

그리스도의 십자가는 다음 세 가지 사실을 보여준다.

1. 육신에 있는 사람을 그 도덕적 존재의 뿌리까지 온전히 노출시켰다. 사람의 본질적인 특징이 온전히 드러나게 된 것이다. 하나님이 사람에게 내리신 명령에는 두 가지가 있다. 첫째는, "네 마음을 다하고 목숨을 다하고 뜻을 다하고 힘을 다하여 주 너의 하나님을 사랑하라."(막 12:30) 그리고 둘째는 "네 이웃을 네 몸과 같이 사랑하라."(막 12:31)는 것이었다. 구약시대에는 사람들이 하나님께 이렇게 말할 수 있었다. "우리는 당신을 사랑할 수 없습니다. 왜냐하면 우리는 당신을 모릅니다. 당신은 구름과 어둠 속에 자신을 숨기고 계시기 때문입니다." 하지만 하나님은 사람의 입에서 나오는 이 모든 논쟁거리를 해결하셨다. 하나님은 자신의 본성과 성품을 온전히 나타내기 위해서 자신의 사랑하는 아들을 세상에 보내셨다. 그분은 무슨 대접을 받으셨는가? 세상은 그분을 알지 못했고, 그 택하신 백성들은 그분을 영접하지 않았다. 하나님은 자신을 나타내셨건만, 그들은 하나님을 사랑하는 대신에 십자가를 내밀었다. 십자가는 구애하시는 하나님을 향해 모욕으로 되갚은 인간의 응답이었다.

그렇다면 자기 이웃에 대한 의무에 대해서 알아보자. 구약시대에는 사람들이 이렇게 말할 수 있었다. "우리 이웃은 너무도 불완전한 사람들이기에 우리의 사랑을 받을만한 가치가 없습니다." 하지만 이러한 변명은 이제는 통용되지 않는다. 왜냐하면 하나님은 아무리 정확한 검사를 하더라도 조금도 흠을 찾아낼 수 없는 이웃(사람이신 그리스도)을 우리에게 주셨기 때문이다. 사람은 진정 그 완벽한 이웃을 사랑했는가? 그렇지 않다. 광분한 사람들에게서 나오는 포악한 함성을 들어보라. "이 사람이 아니라 바라바라."(요 18:40), "이 사람을 없이 해소서.]"(눅 23:18), "저를 십자가에 못 박게 하소서 십자가에 못 박게 하소서."(눅 23:21)

사람의 실상이 온전히 드러났다. 사람은 하나님과 이웃을, 그 신적인 온전함이 드러났을 때에도 미워했다. 십자가는 육신에 있는 사람이 낼 수 있는 모든 지혜와 힘의 총결산이었다. 그러한 피조물에게 심판 외에 달리 무엇이 필요할까?

2. 육신에 있는 사람은 십자가에서 그 실상이 온전히 폭로되며, 그렇게 노출된 사람은 하나님의 거룩성에 따라서 처리되어야만 한다. 십자가에 달린 사람은 "죄 때문에" 그곳에 있는 것이다. 죄를 알지도 못하신 분이 우리를 위해서 죄가 되신 채 십자가에 달리셨다. 나는 주님께서 자신의 거룩한 영혼의 모든 감각이 움츠러들게 하는 잔을 마시는 것을 보면서, 나는 주님께서 "나의 하나님 나의 하나님 어찌하여 나를 버리셨나이까?"라고 외치는 소리를 들으면서, 나는 주님께서 사망의 진토에 내려가

는 것을 보면서, 이 모든 것이 나를 위한 것임을 알 수 있었다. 경외하는 마음으로 나는 내 자신이 이미 하나님의 거룩성에 따라서 처리되었으며, 하나님 앞에서 아담 안에 존재로서 나의 역사는 이제 심판과 죽음을 통해서 끝났다는 것을 볼 수 있었다.

3. 그처럼 경이로운 십자가에는 세 번째 측면이 있다. 나는 거기서 하나님의 사랑이 사람의 죄가 세운 모든 장애물을 폭파시키는 것을 보았다. 그 사랑이 십자가에서 흘러나와 그 사랑의 대상을 찾아 완전한 복으로 축복해주고 있다. 그 십자가를 통해서 하나님의 마음은 공의롭고 자유롭게 그 경이로운 사랑의 길로 내달리면서, 죄인들을 향해 그 풍성한 사랑을 쏟아부어주고 있다. 하나님의 강물은 신령한 복의 홍수를 이루어 세상을 휩쓸고 지나가면서, 세세무궁토록 그 은혜와 영광의 방대하고도 광대한 강물을 흘려보내고 있다. 옛날 수소라는 수도자는 이렇게 노래했다.

> "그대는 하나님의 영원한 계획 속에 있는
> 지혜와 기적들을 알고 싶은가?
> 그렇다면 저 부끄러운 십자가에 달려
> 저주받고 죽어가는 사람을 보라!"

그리스도의 십자가는 하나님 앞에서 아담의 자손으로서 우리의 역사를 종결시켰고, 하나님은 우리를 죽은 자 가운데서 다시 살아나신 그리스도 안에 있는 새로운 지위 속으로 넣으셨다. 따라서 이 구절은 모든 신자들에게 참된 사실이다. "너희는 하나님께로부터 나서 그리스도 예수 안에 있고"(고전 1:30) 더 이상 아담의 파괴되고 정죄 받은 상태에 있지 않다. 더 이상 하나님 앞에서 자랑할 수 없는 육신과 동일시되지 않는다. 신자는 하나님이 온전히 받으시고 기뻐하시고 또한 만족하시는 그리스도와 동일한 지위에 들어가 있다. 이것이 그리스도인이 가져야 하는 믿음의 정수(精髓)이다!

그렇다면, 그리스도 예수 안에 있는 자가 얻을 수 있는 유익에는 무엇이 있을까? 다른 말로 해서, 이렇게 새롭고도 높은 신분이 우리에게 줄 수 있는 이점은 무엇인가? 만일 영국 여왕이 가난한 사람에게 높은 신분을 주었다면 모든 사람은 그 신분에 걸맞는 재산을 그에게 줄 것으로 기대할 것이며, 그렇게 해야 여왕을 계속해서 존경할 것이다. 이것은 어느 면에서는 하나님에게도 마찬가지이다. 당신이 이 새로운 지위를 받았다면, 이 새로운 지위와 연결된 엄청난 이점을 보게 될 것이다. "너희는 하나님께로부터 나서 그리스도 예수 안에 있고 예수는 하나님께로서 나와서 우리에게 지혜와 의로움과 거룩함과 구속함이 되셨으니 기록된 바 자랑하는 자는 주 안에서 자랑하라 함과 같게 하려 함이니라." 우리의 눈이 열려 이 구절 속에 담긴 엄청난 영적인 부요

함을 볼 수 있다면 얼마나 좋을까.

　나는 우리 가운데 많은 신자들이 조지 워싱턴에게 상당한 연금을 약속받고 미국 시민전쟁 기간 동안 군 복무를 하도록 명령을 받은 인디언 스파이와 같다는 생각이 든다. 그는 연금 지급을 보증하는 내용이 적힌 양피지를 받았고, 부적처럼 목에 걸고 다녔다. 여러 해가 지나서 그는 극심한 가난 속에서 죽음을 맞이했다. 사람들이 그가 목에 걸고 다니던 양피지에 쓰인 내용을 읽어 보았을 때, 그 증서에는 그가 죽을 때까지 매년 엄청난 액수의 돈을 지급할 것을 미국 정부가 보증한다는 내용이 적혀 있었다. 아무도 그의 권리에 의문을 제기할 수 없었음에도 그는 한 푼도 받아쓰지 못했다. 그는 연금 증서가 없는 사람처럼 형편없는 삶을 살았다. 만일 그에게 양피지가 가지고 있는 참 가치를 알고 있는 좋은 친구를 두었다면 얼마나 좋았을까?

　우리에게 허락된 영적인 이점을 알고 사용할 줄을 모른다면, 그것은 우리에게 그러한 것들이 무엇이며, 우리에게 무슨 유익을 줄 수 있는지를 말해줄 친구(성령님)가 없기 때문이 아니다. 그 보다는 우리가 그 친구를 근심시켜 드렸고, 우리를 도우려는 그분의 노력을 방해했기 때문일 것이다. 하나님은 우리에게 성령님을 주셨다. 그 이유를 고린도전서 2장 12절은 이렇게 설명하고 있다. "우리로 하여금 하나님께서 우리에게 은혜로 주신 것들을 알게 하려 하심이라."(고전 2:12) 즉 우리에게 은혜로 주신 것들에 대해서 알고만 있게 하려는 것이 아니라 우리에게 은혜로 주신 것들을 활용할 수 있게 하려는 것이다.

그리스도 예수는 하나님에게 나와서 우리에게 지혜가 되어 주셨다. 사람의 지혜 혹은 이 세상의 지혜는 우리 영혼에 아무 도움이 되지 않는다. 사람들은 어떤 영역에서는 그리스도인도 현대 사상을 잘 읽어내고 또 최신 과학적 발견과 발전에 대한 지식을 갖추는 것이 필수적이라고 말을 하곤 한다. 하나님은 지혜 있는 자의 지혜를 멸하고 총명한 자들의 총명을 폐할 것을 말씀하셨고 또 이 세상의 지혜를 미련케 하신다고 말씀하셨다. 고린도전서 1장 19,20,27절을 읽어보라. 이 세상의 지혜는 무덤 너머의 세계를 볼 수 없다. 사망이 오면, 사람의 사상은 거기서 끝난다. "무덤 속에는 일도 없고 계획도 없고 지식도 없고 지혜도 없음이니라"(전 9:10) 즉 죽음은 사람이 자랑하는 모든 것, 우쭐대던 모든 것을 앗아 간다. 죽음은 하나님을 향한 책임문제를 빼놓고 사람에게서 모든 것을 발가벗긴다. 회심하지 않은 사람은 하나님 앞에서 벌거벗은 채 서서 무궁한 부끄러움을 당하게 될 것이다.

하지만 그리스도인은 이 모든 것을 예측할 수 있다. 그리스도인은 사람의 지혜가 가진 참 성격을 보고, 이 모든 것이 사망의 그림자 속으로 사라질 것을 알고 있다. 그래서 그리스도인은 죽은 자 가운데서 다시 살아나신 이에게로 가서, 다시는 죽음이 미치지 않는 영역 가운데로 들어가신 그분에게 가서 하나님의 생각과 불멸하는 지혜를 구한다. 하나님을 아는 지식이야말로 참 지혜이다(잠 2:2-5). 사람들은 하나님을 알고자 추구하지만, 결국 자기 지혜로는 하나님을 알 수 없다는 절대적인 사실에 부딪혀 좌절하고 만다. 하지만 그리스도인은 "예수 그리스도의 얼굴에 있는 하나님의 영광을 아는 빛을"(고후 4:6) 마음에 비춤을 받아 하나님을 아는 사람이다.

게다가 그리스도는 모든 것을 시험하고 알 수 있는 시금석이 되셨다. 예를 들어보자. 고린도교회에는 부활이 없다고 말하는 사람들의 말을 듣고, 참 믿음에서 떠나간 사람들이 있었다. 이것은 특별히 어려운 주제처럼 보일 것이지만, 그리스도에게서 온 신령한 지혜는 총체적인 문제를 즉시 해결한다. 고린도전서 15장 12, 20절을 읽어보라. 게다가 골로새교회에는 그리스도인들이 "철학과 헛된 속임수"에 넘어가 "사람의 유전과 세상의 초등학문을 좇[는]" 위험에 처해 있었다(골 2:8). 사도 바울은 이 모든 일의 참된 진상을 어떻게 드러냈는가? 단순하게 한 마디를 더했다. "그리스도를 좇음이 아니니라." 부활하시고 영화롭게 되신 분이 우리의 지혜이기에, 그분에게 속하지 않은 모든 것 혹은 그분에게서 돌아서게 만드는 모든 것은 어리석은 것이다.

그리스도인의 삶에는 지혜를 필요로 하는 실제적인 일들이 많이 있다. 모든 것에 대한 참 해법과 방법은 그리스도이시다. 그리스도는 참 솔로몬이시며, 아무리 어려운 문제라도 능히 해결해주실 해결사이시다. 우리 마음에 그리스도를 모셔드릴 만큼 여유가 있다면 얼마나 많은 곤란한 문제들이 신속히 해결되는지 놀랄 지경이다. 그리스도를 우리의 지혜로 모시는 것이 무엇인지를 더욱 알게 해주소서!

그리스도 예수는 하나님께로서 나와서 우리에게 의(로움)이 되셨다. 오늘날 얼마나 많은 사람들이 구약시대처럼 자신의 의를 세우고자 하는지 모른다! 참으로 회심한 사람들조차도 이 일에 율법주의 정신으로부터 자유롭지 못한 상태에 있으며, 하나님의 호의를 얻고자 무언가를 행하거나 혹은 자신을 개선해야 하는 것으로 알고 있다. 독자들이여, 만일 당신이 엘리야의 믿음과 베드로의 열성과 바울의 헌신과 정열, 그리고 요한의 사랑을 가지고 있을지라도, 의(로움)의 문제에 관한한, 현재 당신이 의로운 것 이상으로 더 의롭게 되지 못할 것이다. 우리는 더 이상 완전할 필요가 없을 정도로 완전한 의로움을 가지고 있다. 우리는 이 의로움에 기여한 것도 없고 기여할 수도 없었다. 그리고 그 광채에 조금의 어두움도 가릴 수 없고, 그 탁월성에 조금의 손상도 입힐 수 없다. 사도 바울은 이러한 의를 이렇게 표현했다. "내가 가진 의는 율법에서 난 것이 아니요 오직 그리스도를 믿음으로 말미암은 것이니 곧 믿음으로 하나님께로부터 난 의라"(빌 3:9) 독자들이여, 하나님께서 우리의 마음에 이 의로움을 받은 자로서 누릴 수 있는 경이로운 기쁨을 날마다 새롭게 해주시길 바란다. 감히 말하건대, 우리 대부분은 이것을 교리로서 알고 있지만, 그리스도 예수께서 하나님께로서 나와서 우리에게 의로움이 되어주신 영광스러운 사실을 잠잠히 묵상하게 되면 이 사실은 우리 마음에 더욱 생생하게 다가올 것이고, 우리 영혼에 커다란 감동과 기쁨으로 돌아올 것이다.

그리스도 예수는 하나님께로서 나와서 우리에게 거룩함(성화)가 되셨다. 이 사실을 배우기 전까지 어느 누구도 성화가 무엇인지 알 수 없을 것이다. 사람들이 성화를 생각하는 보편적인 생각은 자기 양심에 걸리는 것들, 즉 잘못이라고 느끼는 모든 것들을 모두 버리는 것이다. 회심하지 않은 사람들도 이런 일을 하기도 하지만, 그 모든 것은 거룩한 성화와는 아무 상관이 없다. 우리가 부활하시고 영화롭게 되신 사람이신 그리스도께서 우리의 성화가 되신 것을 바라보는 순간, 우리는 세상과 육신에 속한 모든 것에서 - 그것이 좋은 것이건 나쁜 것이건, 모두에게서 - 거리를 두게 된다. 기독교인들은 금식행사에 참여하는 것을 좋게 여기지만, 댄스홀에 가는 것은 저속하다고 생각한다. 금식행사에 참여하는 것은 댄스홀에 가는 것만큼이나 육신의 활동에 불과할 수 있다. 다만 그 차이는 도덕적 활동인가 사회적 활동인가에 있을 뿐이다. 다시 살아나시고 영화롭게 되신 그리스도는 양쪽 모두와 아무 상관이 없다. 그리스도는 세상에 속한 것과 육신에 속한 것, 모두의 바깥에 계신다. 그리스도는 자신을 거룩하게 하셨다. 이는 우리도 진리로 거룩하게 하려는 것이었다. 그리스도는 우리의 성화의 기준이며, 우리의 실제적인 정결의 표준이시다. 왜냐하면 성경은 "그가 나타나시면 우리가 그와 같을 줄을 아는 것은 그의 참 모습 그대로 볼 것이기 때문이니 주를 향하여 이 소망을 가진 자마다 그의 깨끗하심과 같이 자기를 깨끗하게 하느니라"(요일 3:2,3)고 말하기 때문이다. 나는 죽고 그리스도로 사는 것, 이것이 진정한 성화의 삶이다.

그리스도 예수는 하나님께로서 나와서 우리에게 구속함이 되셨다. 하나님이 마음에 정하신 구속이 무엇인지 알고 싶다면, 우리는 그리스도 예수 안에 있는 구속이 무엇인지를 알아야 한다. 이렇게 표현하는 것이 가능하다면, 하나님은 그리스도를 영광스러운 실물 교훈으로 삼으셨다고 말하고 싶다. 우리는 그리스도를 통해서 하나님의 충만하고도 완전한 구속이 무엇인지를 볼 수 있다. 우리는 영광스러운 신령한 몸으로 다시 살아나 승천하여, 하나님의 우편 자리에 흔쾌히 영접되어 그 자리에 앉아계신 한 사람을 보고 있다. 그는 부활 추수의 첫 열매로서, 장차 나타날 구속의 영광과 승리의 예시(豫示)적인 표본이시다. 그는 많은 형제들 가운데서 장자로서, 장차 그들도 하늘 영광을 입은 그리스도의 형상을 닮게 될 것이다. 우리의 구원은 장차 "우리의 낮은 몸을 변화시켜 자기 영광의 몸의 형체와 같게" 하실 때 온전히 완성될 것이다. 그렇다면 구속의 결과적인 측면은 아직 우리에게 나타나지 않았다. 우리는 여전히 죽을 몸을 가지고 있고, 질병과 죽음에 굴복할 수밖에 없는 상태에 있다. 하지만 그리스도 예수는 하나님께로서 나와서 우리에게 구속이 되어 주셨고, 구속의 모든 것이 - 육체의 상태를 포함해서 - 그리스도 안에서 실현되었기에, 조만간 우리에게도 실현될 것이다. 그리스도의 영광은 우리가 장차 입게 될 영광의 보증이자 척도이다.

이제 사랑하는 독자들이여, 이렇게 묻고 싶다. 당신은 과연 당신이 들어간 "그리스도 예수 안에 있는 새로운 지위"가 가진 이점을 누리며 살고 있는가? 하나님은 당신이 날마다 이러한 이점들에 의해서 지원을 받고 후원을 받기를 바라신다. 당신 속에 내주하시는 성령님께서 이 모든 것들을 알게 해주시고, 이 모든 이점들을 누리는 기쁨을 넘치도록 해주실 것이다. 이제 당신은 지혜, 의로움, 성화, 구속 등 이 모든 것이 그리스도 예수 안에 있음을 알고 있을뿐더러 또한 주 안에서 자랑하는 사람인가? 이제 그리스도 예수로 자랑하고 육체를 신뢰하지 말라. 이것이 그리스도인의 참된 신앙이다. 육신대로 사는 사람은 하나님에게도, 믿음에게도 쓸데없다. 그리스도인은 성령님의 도우심으로 그리스도 예수 안에서 모든 것을 발견한 사람이다. 오늘날 참으로 악한 시대에 "믿음에 굳게 설 수 있는" 은혜를 주시길 바란다.

"자유를 주셨으니 그러므로 굳건하게 서라" (갈 5:1)

갈라디아서는 참으로 엄중한 서신이다. 왜냐하면 갈라디아서는 우리가 그리스도인의 자유에서 떨어질 수 있음을 보여주고 있기 때문이다. 갈라디아 사람들은 사도 바울을 통해서 선명하고도 완전한 복음을 들었고, 하나님에게로 확실하게 회심했으며, 성령님을 받았다. 그들은 "성령으로 시작하였다"(갈 3:3). 이 표현에 주목하기 바란다. 우리가 고린도전서 1장에서 살펴본 대로 그리스도인의 새로운 지위가 주는 이점과 복과 기쁨을 누리는 사람은 "성령으로" 사는 사람 밖에는 없다. 성령님은 그리스도인으로 하여금 육신을 의존하는 모든 것을 포기하도록 이끄실 뿐만 아니라 그리스도 예수 안에서 모든 것을 찾도록 인도하신다. 갈라디아 사람들은 이것을 알았지만, 그 안에서 굳건하게 서는 데에는 실패했다. 그처럼 끔찍한 영적 퇴보의 초기 증상에 대해 경고를 받게 된 것은 매우 유익한 일이다.

대적이 갈라디아 교회들에 침투하는 간교한 방식을 주목해보라! 우리는 그가 이렇게 지혜롭게 말하는 것을 상상해볼 수 있다. '이제 여러분은 멋지게 시작을 했고, 참으로 놀라운 복을 받았으니, 과거와는 다른 사람이 되어야 합니다. 이제 당신은 하나님의 모든 말씀에 순종을 해야 합니다. 아브라함과 그의 자손들은 하나님의 계명에 따라 할례를 받았습니다. 당신도 그렇게 해야 합니다. 그리하면 당신은 하나님이 모세에게 율법을 주셨고, 그것은 율법이 당신의 삶의 규범이 되어야 한다는 것을 명확하게 보게 될 것입니다. 게다가 당신이 만일 일주일에 한번 두 번 금식을 한다면 당신은 보다 나은 그리스도인이 될 것입니다. 적어도 당신의 구주께서 태어나신 날과 죽으신 날 정도는 지켜야 합니다.' 대적과 대적의 사주를 받아 하나님의 백성들을 요동시키는 사람들은 대개 이런 식으로 말한다. 매우 그럴듯하게 들리지 않는가? 그처럼 좋은 일에 무슨 해로움이 있다고 생각할 수 있겠는가?

여기에 치명적인 문제점이 있다. 치명적으로 해로운 문제점이란 이 일이 신자를 자신에게로 향하도록 한다는 것이다. 그렇다면 당신은 이 일을 해야만 하고 또 저 일을 해야만 하며, 이런 사람이 되어야만 하고 또 저런 사람이 되어야만 한다는 식으로 변할 것이다. 성령으로 행하는 사람의 특징은 계속해서 자신을 신뢰하지 않으며, 지속적으로 그리스도로만 만족하는 사람이다. 그래서 우리는 행복과 자유를 누리며 산다. 하지만 만일 사탄이 우리 자신을 바라보도록 하는데 성공한다면, 우리는 우리 자신이 얼마나 멋지게 사는지에 대해 잠시 생각해볼 것이고, 우리 자신에 대해 매우 만족스러워 하게 될 것이다. 그 결과, 우리는 영적 어두움과 노예 상태에 떨어지게 될 것이다. 성령의 감동으로 사도 바울은 "그리스도께서 우리를 자유롭게 하려고 자유를 주셨으니 그러므로 굳건하게 서서 다시는 종의 멍에를 메지 말라"(갈 5:1)고 강조했다.

그 옛날 노예를 부리던 시대에, 한 노예가 자기 주인에게서 도망을 쳤을 때, 그의 가장 큰 바람은 대영 제국에 이르는 것이었다. 대영 제국에 들어서자마자, 영국 법령은 그를 자유인으로 만들어주었다. 우리의 자유의 땅은 "그리스도 예수 안에" 있다. 그 땅의 법이 우리를 자유인으로 만들어준다. 바울은 "그리스도 예수 안에 있는 생명의 성령의 법이 죄와 사망의 법에서 나를 해방하였음이라"(롬 8:2)고 말한다. 성령님은 "그리스도 예수 안에 있는 생명"과 불가분리적으로 연결되어 있다. 따라서 그리스도인은 새로운 지위와 새로운 이점을 가지고 있을 뿐만 아니라 새로운 능력을 가지게 되었다. 그 능력은 자신을 "그리스도 예수 안에 있는 생명"의 거룩한 자유 가운데 붙들어주는 역할을 한다. 내가 믿기론, 연약함과 노예상태에 빠지는 첫 번째 단계는 성령님을 근심시키는 일을 하는 것이다. 만일 그렇게 한다면 우리는 우리의 유일한 능력이 되어 주시는 분, 우리로 자유 안에 굳건히 설 수 있게 해줄 수 있는 분을 근심시키는 것이다. 우리가 그리스도에게서 돌아서서 자아로 가득해지거나 율법을 바라본다면, 그것이 성령님을 근심시키는 일이 아니고 무엇이랴? 그렇게 하는 것은 하나님이 심판 외엔 달리 아무 것도 하실 수 없는 사람, 하나님이 그 무슨 방법으로 도우실 수 없는 사람에게로 돌아가는 것이다.

자유의 나라로 도망을 친 사람들에겐 다시 노예의 땅으로 돌아갈 위험이 있다. 갈라디아 사람들은 다시 돌아갔다. 그래서 바울은 "어리석도다 갈라디아 사람들아 … 누가 너희를 꾀더냐" (갈 3:1)라고 말했다. 그들은 율법과 계명으로 돌아가는 것이 육신에 있는 사람에게로 돌아가 하나님 앞에서 아무 육체도 자랑하지 못하도록 말씀하신 육신을 자랑하는 것임을 몰랐다. 그들은 "그리스도 예수 안에" 있는 자로서의 입장을 떠나 성령의 교통을 잃어버리고, 율법의 노예 상태에 들어갔다. 바울은 그들의 바른 지위와 특권을 상기시키며, 그 안에 굳건하게 서도록 권면했다.

"한 마음으로 [굳게] 서서
한 뜻으로 복음의 신앙을 위하여 협력하라.]" (빌 1:27)

복음은 커다란 싸움 가운데 있었다. 유대인과 이방인 모두가 복음을 대적하고 있었다. 하지만 바울은 16절에서 말했듯이, "복음을 변증하기 위하여" 세우심을 받았다. 바울은 전에 빌립보에 있을 때처럼, 복음 때문에 감옥에 다시 수감되었다. 바울은 빌립보 성도들이 "복음을 변명함과 확정함" 때문에 감옥에 갇히게 된 자신과 함께 은혜에 참여한 자가 될 줄로 확신했다. "내가 너희 무리를 위하여 이와 같이 생각하는 것이 마땅하니 이는 너희가 내 마음에 있음이며 나의 매임과 복음을 변명함과 확정함에 너희가 다 나와 함께 은혜에 참여한 자가 됨이라"(7절) 바울은 두려워하기 보다는 오히려 승리를 확신했으며, 형제들이 자신에게 일어난 일들이 곧 "도리어 복음 전파에 진전이 된 줄"(12절)로 이해하기를 바라며 잠시 염려했을 뿐이다. 바울은 거룩한 대의(大義)를 품고 있었기 때문에 사는 것도, 죽는 것도 유익한 일로 생각했다. 이제 그가 간절히 바라는 것은 빌립보 성도들이 이러한 정신으로 "굳게 서는 것" 이었고, 다만 "복음의 신앙을 위하여 협력하는 것" 이었다(27절). 즉 이러한 정신으로 마음을 온전히 합하면, 대적하는 자들 때문에 두려워할 일이 없게 된다.

우리가 거대하고도 거룩한 대의(大義)에 하나로 연합되었다는 사실을 망각한 채 그저 개인적인 복들에 연연해하면서 그것을 이기적으로 추구할 수 있는 위험이 있다. 하나님과 그리스도의 증거와 대의가 우리에게 맡겨졌으며, 그 성공여부는 각자가 자신의 자리에서 자신의 몫을 다하는데 달려 있다. 영국 군대의 힘은 모든 군인들에게 달려 있다. 각자가 군대 전체를 위한 책임의식을 얼마나 가지고서 최선을 다하는가에 있다. 각 사람이 마음을 나누고 기꺼이 서로 협력할 때, 군대의 사기는 욱일승천(旭

日昇天)하게 된다. 이것이 바로 사도 바울이 "너희가 한마음으로 서서 한 뜻으로 복음의 신앙을 위하여 협력하라"고 말했을 때 의미했던 것이다. 여기서 핵심은 "고난 가운데 복음을 전하는 것"이 아니다. 과연 우리는 어떠한 대가를 지불할지라도 그리스도의 대의에 충성할 준비가 되었는가? 그 결과 바울은 감옥에 수감되었다. 빌립보에서 고난을 당한 것도 그리스도 때문이었다. 빌립보 성도들은 자신들이 사도에게서 본 동일한 전쟁을 치르고 있었고, 사도는 지금까지 고난을 당하고 있었다.

"그리스도를 위하여 너희에게 은혜를 주신 것은 다만 그를 믿을 뿐 아니라 또한 그를 위하여 고난도 받게 하려 하심이라 너희에게도 그와 같은 싸움이 있으니 너희가 내 안에서 본 바요 이제도 내 안에서 듣는 바니라"(29,30절)

사도 바울은 두려움에 떨지 않았고, 빌립보 성도들도 두려움에 떨지 않기를 바랐다. 그래서 바울은 이를테면 이렇게 말하고 있는 셈이다. '두려워하지 말라. 우리가 이기고 있다. 계속 이기려면 각자 자신의 의무를 다해야 한다.'

인간적으로 말해서, 사도 바울은 낙심할 일이 한두 가지가 아니었다. 그는 피에 굶주린 폭군의 손안에 있었다. 로마에 있는 성도들이 등을 돌렸고, 자신을 변호하는 사람도 없었고, 자신의 개인적인 필요를 돌보는 사람도 없었다. 그럼에도 사도 바울은 사자처럼 담대하게 "나는 복음을 변증하기 위하여 세우심을 받았다"라고 말했다. 참으로 웅장하지 않은가? 사도 바울은 온 세상의 단합된 힘이 하나님의 목적을 위해 서로 협력하며 뻗어나가는 것을 내다보았다. 그는 곧 죽을 것이다. 그럼에도 그는 비용을 계산했고, 살든지 죽든지 자기 몸에서 그리스도가 존귀하게 되기만을 간절히 바라고 소망하고 있다(20절). 하나님의 대의는 부질없는 것처럼 보였다. 하지만 바울은 거기에 목숨을 걸었다. 런던호의 고귀한 선장은 자기 목숨을 구하는 대신, '승객들과 함께 죽음을 맞으리라'고 외치며, 어떠한 대가를 지불할지라도 자신의 자리를 끝까지 지키고자 했다. 독자들이여, 당신도 이러한 정신으로 불타고 있는가?

어쩌면 당신은 나에게, '만일 당신이 저와 같은 처지에 있다면 저처럼 너무나 나약해서 아무것도 할 수 있는 일이 없다는 것을 이해하실 것입니다.'라고 말하고 싶을지도 모르겠다. 그럴 수 있다. 하지만 하나님은 당신과 같이 나약한 사람들을 부르셔서, 하나님이 이 세상에서 그리스도를 위하여 하시는 일에 참여하게 하심으로써 당신에게 존귀를 더하시고 기쁨을 더하여 주신다는 것을 알게 될 때 하나님을 찬양하고 싶어 할 것이다. 그보다 더 존귀한 일이 없을 뿐만 아니라, "그리스도를 위하여 너희에게 은혜를 주신 것은 다만 그를 믿을 뿐 아니라 또한 그를 위하여 고난도 받게 하려" 하신 것만큼 하나님에게서 받을 수 있는 더 큰 호의도 없다. 이것은 손과 발과 입술을 통한 외적인 봉사만을 가리키는 것이 아니다. 물론 외적인 봉사도 그 자체로 중요한 의미를 가지고 있지만, 더 중요한 것은 자기 일 보다는 그리스도 예수의 일을 구하는 마음의 충성스러운 정신인 것이다(빌 2:21).

"주 안에 [굳게] 서라"(빌 4:1)

이렇게 말하고 있는 사도 바울은 자신에게 일어날 일을 아무 것도 모르면서 빌립보 성도들에게 그저 말하고 있는 것이 아니다. 바울은 "나도 속히 가게 될 것을 주 안에서 확신하노라"(빌 2:24)고 말했다. 자신이 빌립보 성도들을 다시 볼 것으로 기대할 만한 인간적인 요소는 없었지만, 그러한 기대를 주님과 연결해서 보았을 때 그는 다시 보게 될 것이란 믿음을 가질 수 있었다. 주님이 개입하신다면, 예루살렘이나 로마의 권세가 다 무엇이란 말인가? 그 당시 빌립보 성도들은 에바브로디도를 주 안에서 영접해야만 했다(29절). 에바브로디도는 빌립보 성도들의 선물을 바울에게 전달하는 일을 담당했고, 이제 다시 빌립보로 돌아오는 중이었다. 그를 영접하는 일은 단순히 인간적인 우정에 의한 것이 아니라 "주 안에서" 해야 하는 일이었다. 게다가 사도 바울은 "주 안에서 기뻐하라"(빌 3:1), "주 안에서 항상 기뻐하라"(빌 4:4)고 말했다. 좋은 상황이나 환경이 주어졌기 때문이 아니라 어떠한 형편에서든지 오직 주 안에서 기뻐하는 것이다. 환경이 좋지 않은 가운데서도 주 안에 있기만 한다면 기쁨을 잃어버리는 일은 없을 것이다. 게다가 사도 바울은 그들이 보내준 선물을 받았을 때 "주 안에서 크게 기뻐"(빌 4:10)할 수 있었다고 말했다. 그 모든 환경 가운데서도, 모든 순간마다, 주님은 사도의 마음에 첫 번째 자리에 계셨다. 사도 바울은 주님과의 관계 속에서 모든 것을 보고 또 모든 것을 생각했다. 내 생각엔, 바로 이것이 주 안에 굳게 서는 것이다.

만일 우리가 주 안에 굳게 선다면 우리 삶에 엄청난 변화가 있을 것이다. 하지만 지금 우리 삶의 절반을 잃게 된다면, 나머지 절반은 이상하게 변해갈지도 모른다. 참으로 주 안에서 굳게 서고자 한다면, 주님과 연결되지 않은 모든 것은 떠나보내야 하리라.

빌립보 교회의 두 자매 사이에는 약간의 다른 견해가 있었던 것으로 보인다. 바울은 이 두 사람을 어떻게 조율했을까? "내가 유오디아를 권하고 순두게를 권하노니 주 안에서 같은 마음을 품으라."(빌 4:2) 만일 당신과 나 사이에 일치되지 않는 것이 있다면, 우리 모두 주님 앞으로 나아가 주님께 우리 마음에 합당한 자리를 내어드리고 우리는 한 마음을 품어야 한다. 한쪽이 다른 쪽에게 굴복하는 것이 아니라, 둘 다 주님께 굴복해야 한다. 당신에게 커다란 고민거리가 있고 그로 인해 마음이 눌릴 때, 그 문제를 가지고 주님께 나아가야 하지 않겠는가? 처음 시작할 때 그것은 큰 산이었지만 주님께 말씀드린 후부터는 점점 작아지다가, 마침내 그런 문제로 고민했던 자신에 대해서 진심으로 부끄러움을 느낀 적이 있지 않은가?

사랑하는 사도의 애정 어린 말이 우리 마음에 보배처럼 다가오고, 그 말에 귀를 기울이게 되기를 바란다!

"그러므로 나의 사랑하고 사모하는 형제들, 나의 기쁨이요 면류관인 사랑하는 자들아 이와 같이 주 안에 서라."(빌 4:1)

제 8장 잃어버린 소망

요 14:3, 살전 4:16, 마 25장

요한복음 14장 3절의 약속이 조만간 성취될 것이다. 데살로니가전서 4장 16절의 세 가지 호출하는 소리가 곧 들릴 것이다. 마태복음 25장의 지혜 있는 처녀와 어리석은 처녀들이 조만간 영원히 분리될 것이다. 다시 말해서 주 예수 그리스도께서 다시 오실 것이다.

요한복음 14장에서 주님의 입으로 직접 주신 약속은 사도 바울에게 주신 특별한 계시의 본질을 이루고 있으며(살전 4:15), 영광 가운데 계신 그리스도께서 자신의 신부에게 직접 주신 마지막 메시지에서 세 차례나 반복되고 있다. 요한계시록 22장 7,12,20절을 읽어보라.

주님은 이러한 말씀들을 공허하고 아무 의미도 없는 소리로, 또는 주님의 사랑하는 사람들의 마음에 아무 효력도 능력도 발휘할 수 없는 빈 말로 하신 것이 아니었다. 이 모든 구절들은 기쁨으로 화답하는 사람들의 마음에 불꽃을 일으키고, 즉각적인 반응을 보이도록 주어졌다. 그러한 것이 초대 교회 성도들의 마음에 일으킨 효과였다. 따라서 주님의 재림은 그들에게 "복된 소망"이었다. 이 복된 소망은 다만 환상적인 전망에 불과한 것이 아니라 그들의 감정에 호소함으로써 그들의 매일의 삶 속에서 반응을 나타내야 하는 분명한 실제였다. 그들은 "우리 주 예수 그리스도의 나타나심을 기다렸다.](고전 1:7) 그들은 "그의 아들이 하늘로부터 강림하실 것을"(살전 1:10) 기다렸다. 그들은 신랑을 맞이하러 나갔다.

주의 재림은 그들을 실제적으로 하늘에 속한 사람들이 되게 했다. 땅과 연결된 모든 관계가 끊어지고, 세상과 연결된 모든 끈도 끊어졌다. 세상의 재물과 명예, 그 반짝거리는 매력, 그리고 영혼을 현혹시키는 마술사들도 주 예수 그리스도를 자신의 구주로 알고 또 그 영원한 영광 속으로 자신을 들어가게 해주실 구주의 음성을 날마다 기다리는 사람에겐 그 마법을 잃어버리고, 또 그 힘을 쓰지 못한다. 이러한 사람은 '통찰력으로 가득한 믿음의 눈'을 가지고 미래에 대한 밝은 환상을 본다. 이러한 사람에게 이 세상의 영광은 흐릿하고 희미하게 보일 뿐이다. 초대교회의 그리스도인들은 세상과 분리된 삶을 살며 전혀 세상적인 모습이 없는 사람들이었다. 그들의 마음은 구주의 사랑에 엄청난 감화를 받았다. 그들은 구주의 보배로운 피가 자신들의 모든 죄를 정결하게 했음을 알고, 그들의 온 영혼은 구주의 얼굴을 보고, 구주와 같이 되어서, 구주와 함께 영원히 함께 하게 될 기대감으로 불탔다.

그들의 마음은 이렇게 표현되었다.

"오, 세상의 영광과 아름다움이여!
너의 매력은 이미 시들었도다!
나는 더 아름다운 이야기를 듣고
나의 마음을 빼앗겼구나.
그리스도께서 예비하신 곳,
그곳이 나의 참된 본향이로다!
거기서 예수님을 볼 것이며,

거기서 하나님과 영원히 함께 거할 것이다."

그러한 사람들이 하늘을 마음에 담았을 때, 사람들의 멸시와 경멸과 폭력을 불러왔다. 자신을 세상으로부터 분리했을 때, 그들은 세상의 행사가 악하다고 증거한 것이다. 그래서 세상은 그들을 미워하고 멸시하고 거절했고, 그들은 그렇게 자신들의 영혼이 사모하는 주인과 함께 하는 동무의 반열에 들어갈 수 있었다. 그들은 주의 강림하심이 가까움을 볼수록 마음을 굳게 해서 길이 참을 수 있었고(약 5:7,8), 주님의 인정하시는 미소를 느끼는 것만으로도 죄인들에게서 받는 수모에 대한 더할 나위 없는 보상으로 여겼다. 아, 주님의 강림은 그들에게 그저 교리나 이론이 아니라, 자신들의 영혼이 격려를 받고, 더욱 거룩케 하고 또 삶을 변화시키는 복된 소망이었다.

사탄은 모든 수단을 동원해서 그들의 간증을 소멸시키고자 했다. 사탄은 박해의 날카로운 칼을 빼어들고는, 순교자의 피가 교회의 씨앗이 되고 또 "학대를 받을수록 더욱 번식하고 창성"(출 1:12)하는 것을 볼 때까지 그들을 가차 없이 혹독함으로 대했다. 폭력적인 대응이 실패하자, 사탄은 전략을 바꾸었다. 그래서 예수님이 거절했던 세상과 그 영광을 제시하면서 교회를 유혹하고 부패시키기 시작했다.

교회는 이에 어떻게 대응했을까? 주님을 거절하고 살해함으로써 그 손에 주님의 피를 묻힌 세상이 내민 손을 잡고, 아첨하고 자신의 지위를 강화하는 쪽을 선택했을까? 아, 그렇다. 교회는 처음 사랑을 버렸다. 교회는 순교자의 영광의 면류관을 벗어던지고, 세상의 위엄과 권세를 상징하는 반짝 거리는 작은 왕관을 받았다. 세상이 침투함으로써 주의 재림에 대한 소망은 아련히 사라져버렸다. 그처럼 강하고 열렬히 불탔던 소망은 점차적으로 희미해져갔다. 주님을 사모하던 마음도 식었다. 주님을 바라보는 시선도 없다. 엄중한 성경말씀을 보라. "신랑이 더디 오므로 다 졸며 잘새"(마 25:5) 세상과 타협한 교회는 주님의 재림에 대한 소망을 더 이상 품고 있지 않다. 동시에 영원한 구속, 현재적으로 받아 누리는 죄 사함의 은총, 모든 신자들의 칭의, 게다가 참 하나님과 그의 보내신 자 예수 그리스도를 아는 지식을 통해서 현재적으로 소유하게 된 영생 등의 영광스러운 진리들은 무시되거나 왜곡되었으며, 심지어는 부인되기까지 하고 있다. 따라서 참 하나님의 자녀들조차도 진리가 주는 모든 확실성과 확신을 가지고 있지 못하다. 주의 재림에 대한 생각은 기쁨을 주기보다는 두려움을 주는 것으로 전락했다.

오늘날 주의 재림은 세상의 종말로, 두려움과 심판의 날로 채색되어 있어서, 교회가 이미 세상의 수준으로 침몰되어 있음을 반증하고 있다. 범죄한 세상의 양심은 예수님이 다시 오실 때 확실한 심판의 날만을 예상할 뿐이다. 하지만 신자들이 알고 있을 뿐더러 또한 마땅히 알아야만 하는 것은, 신자들에겐 심판이 없다는 것이다(요 5:24). 예수님은 초림 때 그들의 죄를 감당해주셨고, 그들의 귀에 놀라운 사랑의 비밀을 들려주셨고, 주님이 계신 곳에 그들도 있게 하실 것을 약속하셨다. 예수님은 우리를 위해서 오신다. 심판자로서가 아니라 신랑으로서 오시는 것이다. 주님의 복된 마음의 모든 감정이 아무 방해도 받지 않고 우리에게로 자연스럽게 표현되고 또 흘러넘치는 그곳으로 우리를 데리고 가실 것이다. 그러한 소망을 잃어버렸다는 것은 얼마나 이상하리만치 슬픈 일인지 모르겠다! 상황이 이렇게 된 것이 이미 1,400년 이상이나 되었다.

신학자들은 주의 재림에 대한 책을 썼다. 하지만 어떻게 썼는가? 그들은 주의 재림을 산 자와 죽은 자를 심판하시는 것으로 설명했다. 백보좌 심판대에서 엄중한 재판을 하시는 분으로 말했다. 그 날에 주님은 양과 염소를 나누실 것이며, 그 때에야 비로소 우리가 구원받은 사람인지 아닌지를 알게 될 것이라고 했다. 왜냐하면 그들은 하나님이 자신의 말씀을 통해서 모든 신자들에게 주시는 현재적인 죄 사함 혹은 구원을 알지 못하고 있었기 때문이다. 요한복음 5장 24절, 사도행전 13장 38,39절, 골로새서 1장 12-14절을 읽으라.

물론 예수님은 재판장으로 나타나실 것이며, 모든 눈이 그분을 볼 것이다. 이는 주의 지상 재림을 가리키며, 신자들을 위하여 오시는 주님의 공중 재림과는 다른 성격의 것이다. 주께서 세상의 심판자로서 오시기에 앞서, 주님은 자신의 성도들을 데리고 가시기 위해서 신랑으로서 오실 것이다. 따라서 주님이 영광과 권능으로 공개적으로 나타나실 때, 주의 성도들이 주님과 함께 나타날 것이다. 골로새서 3장 4절, 유다서 14절, 요한계시록 19장 8-14절을 보라. 신랑으로서 오시는 주의 공중 재림은 교회의 소망이다. 하지만 교회가 콘스탄틴 황제 시대에 세상과 영합했을 때 이 소망을 잃어버렸다. 교황이 통치하던 중세 암흑기를 지나, 종교개혁의 밝은 시대에 들어섰지만, 교회의 소망은 회복되지 않았고 다만

잃어버린 소망으로만

남아 있다.

대략 1세기 전에 하나님은 플리머스 형제회(Plymouth Brethren)를 일으켜 그간 그 의미가 퇴색되어 버린 많은 보배로운 진리들을 회복시키는 일을 하셨다. 그 가운데서도 현재적인 죄 사함에 대한 지식과 기쁨, 그리고 현재적인 영생의 소유 등이 있는데, 이 두 가지는 주 예수 그리스도를 믿는 모든 신자가 누리

는 분복이다. 모든 신자가 지은 죄들을 정결하게 한 하나님 아들의 속죄 사역의 완전성은 이전보다 더욱 선명해졌다. 하나님은 신자들을 그리스도와 함께 죽고 함께 살아난 존재로 보시며, 이제는 성령의 능력에 의해서 자신을 죄에 대하여 죽은 사람으로 여길 수 있는 능력이 주어졌다는 사실이 거룩한 삶과 영적 자유에 이르는 비밀이라는 것이 밝혀졌다. 게다가 신자는 성령님이 내주하시는 사람이며, 영광 중에 계신 그리스도와의 연합을 통해서 그 몸의 지체가 되었다는 사실도 드러났다. 오랜 동안 세속성과 불신앙의 구름에 가려있었던 소망의 샛별이 다시 떠오르게 된 것이다. 잃어버린 소망이 다시금 충성스럽고 헌신된 영혼들의 마음에 불을 붙였다. 한 밤의 소리가 다시 들리기 시작했다. "보라 신랑이로다 맞으러 나오라."(마 25:6)

그리스도의 신부인 교회가 세상의 패션과 관습과 대화에 익숙한 것은 이러한 소망과 불일치를 이루는 것이 자명(自明)해졌다. 사실 이 소망이 커져갈수록, 이 소망을 마음에 품은 사람들의 마음과 삶은 정결해지는 효력(요일 3:3)이 점증(漸增)하게 된다. 그렇다면 세상으로부터 분리가 일어나고 삶은 더욱 단순해지고, 대화에는 경건함이 묻어나게 될 것이다. 그러한 사람들의 좌우명은 "오직 깨어 근신하자"가 될 것이다. 그러한 사람들이야말로 거룩하고, 행복하고, 하늘에 속한 백성들인 것이다.

세월이 흘렀다. 초대 교회 성도들의 영혼을 처음으로 울렸던 소리가 잠자는 교회를 깨운다. 잠자던 자들 가운데 그 소리를 들은 사람들이 깨어난다. 등을 준비한다. 그리고 허리끈을 동여맨다. 수천수만의 사람들은 자신들의 귀에 들린 소리 때문에 세세토록 하나님을 찬양할 것이다. 빈 등만을 가지고 있던 신앙 고백자들은 기름이 없는 관계로, 기름을 사러 가야했다. 하지만 잠을 자고 있었을지라도 참 신자는 그리스도의 완성된 사역을 통해서 안식할 수 있게 되었고, 마침내 성취된 구원을 누릴 수 있게 되었다. 많은 하나님의 사랑스런 성도들은 그리스도의 몸된 교회의 머리되신 그리스도 안에서 새로운 영광을 볼 수 있었다. 이렇게 하나님은 자기 아들의 재림을 위한 길을 예비하고 계신다.

그렇다. 수백 년이 흐르고, 그 이상의 세월이 흘렀을지라도, "복된 소망"은 아직까지 성취되지 않은 채 남아 있다. 주님은 여전히 아버지 보좌에 앉아 계시며, 주의 백성들은 공중으로 오시는 순간을 기다리고 있다. 언제든지 보배롭고 진실한 것은 주님의 마지막 말씀이 아닌가 싶다. 즉 "내가 진실로 속히 오리라." 주님은 이에 합한 당신의 대답을 기대하신다.

"아멘 주 예수여 오시옵소서." (계 22:20)

이것이 적절하고 합당한 질문인지 모르겠지만, 이렇게 묻고 싶다. 과연 이것이 오늘날 그리스도의 신부를 자처하고 있는 교회의 현재적인 상태일까? 아! 여전히 많은 성도들은 실제로 "주의 오심이 심히 가깝다"는 사실을 모르고 있다. 기롱하는 자들은 용감무쌍하게 묻는다. "주의 강림하신다는 약속이 어디 있느뇨?"(벧후 3:4) 반면 기독교계의 무수히 많은 사람들은 예수님이 오신다는 것을 듣고, 성경을 통해서 교리적으로 이 진리를 확신하고 있다. 어떤 사람들은 한 밤의 외침을 들었고, 그 외침은 주님을 만나러 나갈 준비를 하게끔 했다. 1세기 넘게 작은 무리의 신자들이 주님의 이름으로 모였고 또 자신들의 죄를 영원히 속죄해주신 주님을 기념하고 예배드리기 위해서 모였다. 주님은 죄 문제와 상관없이 자신의 몸을 구원하기 위해서 두 번째 나타나실 것이다.

사랑하는 독자여, 당신은 깨어 기다리고 있는 사람인가? 과연 당신의 삶 속에는 그러한 특징들이 나타나고 있는가? 당신은 주의 재림을 교리로서만 알고 있는가 아니면 실제적인 소망으로 알고 있는가? 이 진리를 바로 응시하라. 과연 우리의 말과 행실과 우리 주변에 있는 사람들은 우리가 진정 "우상을 버리고 하나님께로 돌아와서 사시고 참되신 하나님을 섬기며 또 죽은 자들 가운데서 다시 살리신 그의 아들이 하늘로부터 강림하심을 기다[리는]"(살전 1:9,10) 사람이라고 말하고 있는가? 우리의 마음을 아시고 우리의 비밀스러운 생각을 헤아리시는 주님께서 과연 우리가 진정으로 이처럼 보배로운 진리를 가슴에 품고, 이처럼 복된 소망을 능력으로 소유하며, 날마다 그 소망이 이루어질 날을 고대하며 사는 것을 아시는가? 우리가 고백하지 않을 수 없는 것은, 많은 경우 주의 재림의 진리가 전파되는 곳에, 세상으로부터 마음을 끊고, 땅에 속한 것들로부터 마음을 돌리고, 위에 있는 더 밝은 것들에 마음을 쏟는 일에 실패하고 있다는 것이다. 그렇다면 비록 진리는 가지고 있지만, 실제로는

소망을 잃어버린 것이다.

잘 모르지만, 어쩌면 주님이 오늘 오실지도 모른다. 만일 그렇다면, 주님은 어떤 상태에 있는 우리를 보실 것인가? 지금 우리의 마음은 어디로 향하고 있으며, 우리의 입술은 무엇을 노래하고 있는가? 주님을 향하고 있을까? 주님의 변함없는 사랑을 노래하고 있을까? 주님의 신속한 재림을 고대하고 있을까? 주님은 우리에게서 다음과 같은 모습을 기대하고 계신다.

"옛날 초대 교회 성도들처럼
그분의 사랑을 맛보고, 그래서 그 사랑으로 마음은 불타고,
오늘일까 내일일까 하는 맘으로
주님의 얼굴 뵙기를 소망하면서
오늘도 인내로서 기다리노라."

그 옛날 성도들의 영적인 상태는 어떠했는가? 시므온과 안나를 기억하는가? 성령님은 그들이 "의롭고 경건했으며", "주야로 금식하며 기도함으로 섬겼다"고 말씀하시고, 또한 "하나님께 감사하고 예루살렘의 속량을 바라는 모든 사람에게 그(of HIM)에 대하여 말했다"고 말씀하신다(눅 2:25,37,38). 이 두 사람은 성령의 능력과 흐름 속에 있는 신령한 신자들의 표상이다.

아! 하나님의 성도여, 주님 앞에 엎드려 우리가 이러한 복된 소망의 실체와 생생함을 잃어버린 것을 인정하는 것 외에 달리 할 수 있는 일이 무엇일까? 우리는 세상에 속한 것들을 우리 마음에 받아들였고, 세상으로부터 기꺼이 분리되는 길을 택할 영적 힘을 잃어버렸다. 주님의 크신 자비를 의지하면서 기도할 때, 주님은 우리 마음을 다시 소생시켜주실 것이며 또한 우리 영혼에 성화의 능력을 회복시켜주실 것이다. 그럴 때 우리 마음에 이처럼 가장 보배로운 소망이 제자리를 잡게 될 것이다. 참으로 격려가 되는 이 말씀을 마음에 새기도록 하자.

"주인이 와서 깨어 있는 것을 보면 그 종들은 복이 있으리로다 내가 진실로 너희에게 이르노니 주인이 띠를 띠고 그 종들을 자리에 앉히고 나아와 수종들리라."(눅 12:37)

아! 사랑하는 성도들이여, 주님이 곧 오신다는 사실에 깨어있

자! 우리의 등을 다시 밝히고, 필요하다면 다시 밝히고 또 밝히자. 생생한 능력으로 이 소망이 가지고 있는 효력을 나타내고, 이 소망이 주는 기쁨을 즐기고 또 이 소망을 나누기 위하여 성령으로 충만함을 입자. 그리고 주님이 오실 때까지 성령의 능력으로 주의 일에 힘쓰자.

저자소개

C. A. Coates, 1862-1945

찰스 앤드류 코우츠(Charles Andrew Coates)는 영국 브래드포드에서 1862년 12월 7일 출생했으며, 1945년 10월 7일 데본 테인머스에서 소천했다. 코우츠는 원기 왕성한 삶을 누리지 못했고, 많은 경우 질병 때문에 병상에 누어있었다. 대신 기도와 묵상, 성경 연구에 전념했다. 코우츠가 쓴 모든 책에는 C.A.C라는 그의 이름의 이니셜이 새겨졌으며, 전체 34권의 책 가운데, "뿌리 깊은 영성의 그리스도인으로 사는 법The Believer Established" 이란 책은 가장 많은 독자들의 사랑을 받았다.

코우츠가 쓴 책은 영국 여왕에게 헌정되었으며, 영국 여왕은 그의 책을 읽고 많은 도움을 받았다는 감사를 표했다.

코우츠는 1878년 16세에 회심을 경험했다. 그는 자신의 회심을 이렇게 표현했다.
"내가 처음으로 만찬 상에 나아왔을 때, 나는 예수님께서 나를 위해 죽으셨고, 따라서 내가 멸망하지 않을 것을 믿게 되었습니다. 그 후에 나는 큰 기쁨 가운데서 파멸상태에 있는 죄인인 내가 그리스도의 죽음을 통해서 처리되었고(함께 죽었고), 이제는 부활하신 주님이 나의 의로움이 되어주셨으며, 나는 이제 그리스도의 어떠하심에 근거해서 하나님과 함께 하는 사람이 되었다는 것을 보았습니다."

질병 때문에 극심한 고통을 겪은 후, 그는 이렇게 말했다.
"주님은 지금 나와 함께 고통을 견디고 계신다고 말씀해주셨습니다. 이것은 질병을 없애주시는 것보다 더 좋은 일이었습니다. 이전과는 달리 비천한 몸이 무엇인지를 좀 더 잘 알게 되었고, 장차 입게 될 영광스러운 몸에 대해서 충분히 묵상할 수 있었습니다. 주님은 나와 관계된 것들을 온전케 해주실 것입니다."

형제들의 집 도서 안내

1. 조지 뮐러 영성의 비밀
   조지 뮐러 지음/이종수 옮김/값 1,000원
2. 수백만을 감동시킨 사람을 감동시킨 바로 그 사람: 헨리 무어하우스
   존 A. 비올리 지음/이종수 옮김/값 1,000원
3. 내 영혼의 만족의 노래
   W.T.P 월스톤지음/이종수 옮김/값 1,000원
4. 모든 일을 하나님의 영광을 위하여 하라
   해리 아이언사이드지음/이종수 옮김/값 1,000원
5. 잃어버린 영혼을 위해서 어떻게 기도해야 하는가
   오스왈드 샌더스, 찰스 스펄전 지음/이종수 옮김/값 1,000원
6. 윌리암 켈리의 로마서 복음의 진수
   윌리암 켈리 지음/이종수 옮김/값 5,000원
7. 이것이 거듭남이다[개정판]
   알프레드 깁스 지음/이종수 옮김/값 9,000원
8. 존 넬슨 다비의 영성있는 복음
   존 넬슨 다비 지음/이종수 옮김/값 5,000원
9. 로버트 클리버 채프만의 사랑의 영성
   로버트 C. 채프만 지음/이종수 옮김/값 5,000원
10. 영성을 깊게 하는 레위기 묵상
    C.H. 매킨토시 외 지음/이종수 옮김/값 5,000원
11. 존 넬슨 다비의 성경주석: 빌립보서
    존 넬슨 다비 지음/이종수 옮김/값 5,000원
12. 존 넬슨 다비의 히브리서 묵상
    존 넬슨 다비 지음/정병은 옮김/값 9,000원
13. 조지 커팅의 영적 자유
    조지 커팅 지음/이종수 옮김/값 4,000원
14. 윌리암 켈리의 해방의 체험
    윌리암 켈리 지음/이종수 옮김/값 3,000원
15. 존 넬슨 다비의 성경주석: 골로새서
    존 넬슨 다비 지음/이종수 옮김/값 7,000원
16. 구원 얻는 기도
    이종수 지음/값 5,000원

17. 영혼의 성화
　　　　　　　　　　　　프랭크 빈포드 호올 지음/이종수 옮김/값 1,000원
18. 당신은 진짜 거듭났는가?
　　　　　　　　　　　　아더 핑크 지음/박선희 옮김/값 4,500원
19. C.H. 매킨토시의 완전한 구원
　　　　　　　　　　　　C.H. 매킨토시 지음/이종수 옮김/값 4,600원
20. 존 넬슨 다비의 하나님의 뜻을 분별하는 법
　　　　　　　　　　　　존 넬슨 다비 지음/이종수 옮김/값 1,000원
21. 존 넬슨 다비의 성경주석: 요한계시록
　　　　　　　　　　　　존 넬슨 다비 지음/이종수 옮김/값 10,000원
22. 주 안에 거하라
　　　　　　　　해밀턴 스미스, 허드슨 테일러 지음/이종수 옮김/값 1,000원
23. C.H. 매킨토시의 하나님의 선물
　　　　　　　　　　　　C.H. 매킨토시 지음/이종수 옮김/값 4,000원
24. 존 넬슨 다비의 성경주석: 에베소서
　　　　　　　　　　　　존 넬슨 다비 지음/이종수 옮김/값 8,000원
25. 존 넬슨 다비의 영적 해방
　　　　　　　　　　　　존 넬슨 다비 지음/문영권 옮김/값 7,000원
26. 건강하고 행복한 그리스도인이 되는 법
　　　　　　　어거스트 반 린, J. 드와이트 펜테코스트 지음/값 1,000원
27. 존 넬슨 다비의 성경주석: 로마서
　　　　　　　　　　　　존 넬슨 다비 지음/문영권 옮김/값 12,000원
28. 존 넬슨 다비의 성화의 길
　　　　　　　　　　　　존 넬슨 다비 지음/이종수 옮김/값 4,500원
29. 기독교 신앙에 회의적인 사랑하는 나의 친구에게
　　　　　　　　　　　　로버트 A. 래이드로 지음/박선희 옮김/값 5,000원
30. 이수원 선교사 이야기
　　　　　　　　　　　　더글라스 나이스웬더 지음/이종수 옮김/값 5,000원
31. 체험을 위한 성령의 내주, 그리고 충만
　　　　　　　　　　　　조지 커팅 지음/이종수 옮김/값 4,500원
32. 존 넬슨 다비의 성경주석: 갈라디아서
　　　　　　　　　　　　존 넬슨 다비 지음/이종수 옮김/값 4,800원
33. 존 넬슨 다비의 성경주석: 요한서신서 · 유다서
　　　　　　　　　　　　존 넬슨 다비 지음/문영권 옮김/값 8,000원

34. 존 넬슨 다비의 성경주석: 데살로니가전 · 후서
   존 넬슨 다비 지음/이종수 옮김/값 8,000원
35. 그리스도와의 연합과 구원(성경공부교재)
   문영권 지음/값 2,500원
36. 그리스도와의 연합과 성화(성경공부교재)
   문영권 지음/값 3,000원
37. 사도라 불린 영적 거장들
   이종수 지음/값 7,000원
38. 당신은 진짜 하나님을 신뢰하는가
   조지 뮬러 지음/ 이종수 옮김/값 4,500원
39. 그리스도와 연합된 천상적 교회가 가진 영광스러운 교회의 소망
   존 넬슨 다비 지음/ 문영권 옮김/ 값 13,000원
40. 가나안 영적 전쟁과 하나님의 전신갑주
   존 넬슨 다비 지음/ 이종수 옮김/ 값 2,000원
41. 죄 사함, 칭의 그리고 성화의 진리
   고든 헨리 해이호우 지음/ 이종수 옮김/ 값 2,000원
42. 하나님을 찾는 지성인, 이것이 궁금하다!
   김종만 지음/ 값 10,000원
43. 이것이 그리스도의 심판대이다
   이종수 엮음/ 값 8,000원
44. 존 넬슨 다비의 성경주석: 마태복음
   존 넬슨 다비 지음/이종수 옮김/값 16,000원
45. C.H. 매킨토시의 하나님에 관한 진실
   C.H. 매킨토시 지음/이종수 옮김/값 1,000원
46. 존 넬슨 다비의 성경주석: 여호수아
   존 넬슨 다비 지음/문영권 옮김/값 8,000원
47. 찰스 스탠리의 당신의 남편은 누구인가
   찰스 스탠리 지음/이종수 옮김/값 4,000원
48. 존 넬슨 다비의 성령론
   존 넬슨 다비 지음/이종수 옮김/값 13,000원
49. 존 넬슨 다비의 영적 해방의 실제
   존 넬슨 다비 지음/이종수 옮김/값 5,000원
50. 존 넬슨 다비의 주요사상연구: 다비와 친구되기
   문영권 지음/값 5,000원

51. 존 넬슨 다비의 죽음 이후 영혼의 상태
                          존 넬슨 다비 지음/이종수 옮김/값 5,000원
52. 신학자 존 넬슨 다비 평전
                                       이종수 지음/ 값 7,000원
53. 존 넬슨 다비의 요한복음 묵상
                          존 넬슨 다비 지음/이종수 옮김/값 8,000원
54. 프레드릭 W. 그랜트의 영적 해방이란 무엇인가
                       프레드릭 W. 그랜트 지음/이종수 옮김/값 4,500원
55. 홍해와 요단강을 통해서 나타난 하나님의 구원
                             윌리암 켈리 지음/ 이종수 옮김/ 값 4,800원
56. 그리스도와의 연합을 위한 성령의 역사
                            윌리암 켈리 지음/ 이종수 옮김/ 값 19,000원
57. 누가, 그리스도인인가?
                          시드니 롱 제이콥 지음/ 박영민 옮김/ 값 7,000원
58. 선교사가 결코 쓰지 않은 편지
                          프레드릭 L. 코신 지음 / 이종수 옮김/ 값 9,000원
59. 사랑의 영성으로 성자의 삶을 살다간 로버트 채프만
                              프랭크 홈즈 지음 / 이종수 옮김/ 값 8,500원
60. 므비보셋, 룻, 그리고 욥 이야기
                              찰스 스탠리 지음 / 이종수 옮김/ 값 7,500원
61. 구원의 근본 진리
                             에드워드 데넷 지음 / 이종수 옮김/ 값 6,500원
62. 회복된 진리, 6+1
                             에드워드 데넷 지음/ 이종수 옮김/ 값 6,000원
63. 당신의 상상보다 더 큰 구원
                            프랭크 빈포드 호올 지음/ 이종수 옮김/ 값 6,500원
64. 뿌리 깊은 영성의 그리스도인으로 사는 법
                         찰스 앤드류 코우츠 지음/ 이종수 옮김/ 값 9,000원

Originally published under the title of
"The Believer Established"
by C.A. Coates
Copyright©Shirt-Pocket Ministry
　P.O. Box 275, Beckley, WV 25801-0275

Korean translation copyright
ⓒ 2014 by Brethren House, Korea
All rights reserved

뿌리 깊은 영성의 그리스도인으로 사는 법
ⓒ형제들의 집 2014

초판 발행 • 2014.3.24
지은이 • 찰스 앤드류 코우츠
옮긴이 • 이 종 수
발행처 • 형제들의집
판권ⓒ형제들의 집 2014
등록 제 7-313호(2006.2.6)
Cell. 010-9317-9103
홈페이지 http://brethrenhouse.co.kr
카페 cafe.daum.net/BrethrenHouse
ISBN 978-89-93141-64-1 03230

＊값은 뒤표지에 있습니다.
＊잘못된 책은 바꿔드립니다.
＊서점공급처는 〈생명의말씀사〉입니다. 전화(02) 3159-7979(영업부)